発達障害 僕にはイラつく理由《ワケ》がある！

かなしろにゃんこ。

監修・解説 前川あさ美
東京女子大学教授

kokoro library
講談社

プロローグ
どうして授業中に教室から脱出するの!?
廊下がトモダチ
自由奔放!!
小学生の頃
パニック!!
ナゼ注意すると怒りだして話を聞いてくれないの!?
発達障害がある子ってなにを考えてるの――!?
なにをどう言っても話が噛みあわない

まるで宇宙人だわ！
人間とうまくつきあえず地球になじめてない宇宙人なんだ！
わが子のことをそう思ったことはありませんか!?
私だけかな？
おっと自己紹介が遅れました
ペコリ
このマンガを描いてますかなしろにゃんこ。です
私の息子リュウ太には
ADHDと軽い自閉症スペクトラム障害があります

息子に発達障害があるとわかったのはリュウ太が小4のときでした
こういう子はこういう感じなの怒らないで大事に育ててくださいね
児童精神科医
5-1
リュウ太くんがイライラして掃除用具を壊しました
本当にいつもすみません
発達障害があるとわかったからといって「さあ療育！　療育」とはいかず……
ヤダヤダもう塾に行きたくない
お願いだから暴れないで
凸凹《でこぼこ》がある子の育てにくさにいつも頭を抱えていました
できないことが多いからイヤなこともいっぱいあるよね
イラ
イラ
全身とがらせて防御して生きているんだね

せめて世渡りのコツだけでも伝えていけば少しは生きやすくなるかしら？
!
と思いつつもイライラして怒ったり
廊下で寝てると変な人だと思われるよ
なんで!?
将来が心配になって落ち込んだりしてばかりの毎日でした
なんでそんなこと気にしなきゃいけないの？
なんでみんなと同じでなきゃいけないんだよ！

口ごたえばかりで もうイヤ!
だって 人のことなんか 気にするのムリだし!!
「普通はこうするよ」とか
「一般的にはこう考えるよ」と伝えても
スキかキライかで 判断して すんなり受け入れては くれません
スキ♡
キライ
フンッ
発達障害の本を読んで わかっている気に なっていた私ですが まだ見えていなかった ことがありました
独自の考え方や こだわりで ものごとを柔軟に 捉えることができない 息子自身が
実は いちばんツライ思いを していたんです
2006 2007 2008 2009 2010 2011 2012 2013 2014 2015 2016 2017 2018 2019
現在 息子は 成人して とがっていた部分が 少〜し 丸くなりました
まだちょっと とがってるよ
え?オレ とがってた?
小学校では 人づきあいが うまくできません でしたが 今は周囲とそれなりに つきあえるように なってきました

私と長時間話すこともできるようになってきたので
小学生のあの頃どんなことを思っていてどんなことをまわりにわかってほしかったのか聞いてみると
「先生やお母さんが怒るボクの行動には一つ一つ理由があるんだけど
え〜と
もういいや誤解されたままで
わかってほしくてもうまく言葉にできないから困っていた」と言います
息子の特性を理解してフォローを頑張ってきたつもりなのに
SOS
SOS
実際には息子を困らせたり苦しめたりしていたのかもしれません

ありのままの息子を
受け入れられずに
お互い苦しんじゃった
もっと障害への理解を
深めていれば
ぶつからない育児が
できたかしら？
どう接して
あげればいい
のかな…？
これまで
発達障害のコミックを
いくつか描いてきたなかで
大人の発達障害の方に
話を聞く機会が
ありました
小さい頃から
先生からも
親からも
怒られてばかりで
私はなにをやっても
ダメな人間なんだと
今も自信が持て
ません……
こんなふうに
苦しい思いを
抱えたままの人もいれば
「普通の子になってほしい」
と考える親から
できないことを
アレコレ要求されて
パニックになって
暴れる人もいます

必死に育てていると
親は
子どもの気持ちに
気がつきにくくなって
しまいますよね

発達障害がある子の
内面を理解できれば
もっと上手に
対応できるのでは？
そう考えて　今回
大きくなった息子に
「小学生の頃に感じていたこと」を
根ほり葉ほり
聞いちゃいました！
専門家にもアドバイスを
いただいています

お母さんは
ず～っと
一番の味方で
いたいのよ～
この本で
肩の力を抜いて
楽になる子育ての
ヒントを見つけて
みませんか

もくじ

装幀：山原望　　編集協力：宇野智子

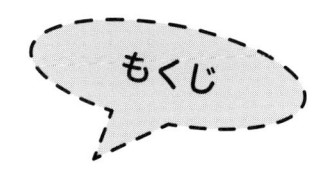

前川先生のワンポイント解説

障害名や診断名について

1 新しい診断名「自閉症スペクトラム障害」

最近は自閉症スペクトラム障害（ASD）という診断名がよく聞かれます。

これは「自閉症」と、知的障害が重くない「アスペルガー障害」などをまとめて、連続体（スペクトル）のなかで理解していこうとして用いられるようになった診断名です。

広汎性
発達障害
自閉症
アスペルガー
障害
自閉症スペクトラム障害

2 ADHDなどを含めて「発達障害」と総称する

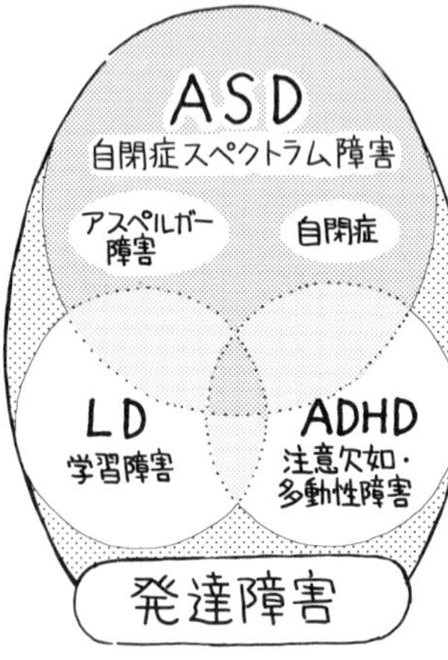

ASD
自閉症スペクトラム障害
アスペルガー
障害
自閉症
LD
学習障害
ADHD
注意欠如・
多動性障害
発達障害

日本では、ASDとともに注意欠如・多動性障害（ADHD）や学習障害（LD）などを含めて「発達障害」といわれています。これらの障害は、重複していることも少なくありません。

発達障害がある子どもたちは、人間関係やコミュニケーションで課題を抱えており、他人とうまく関われず孤立してしまうことがあります。

3 名称は一つでも、特徴は多様

発達障害がある子どもたちには、「想像力に偏りがみられる」「こだわりが強い」「融通がきかない」などの特徴があります。

その一方、言葉が出ない子もいれば、難しい言葉を多数知っている子がいたり、今言ったことを覚えられない子もいれば、六法全書を記憶している子もいるなど、多様性がみられます。

4 「D」は「ダイバーシティ」のD！

ASD 、ADHD 、LDのDは障害（Disorder）の頭文字ですが、「多様性」すなわちダイバーシティ（Diversity）のDと考えましょう。子どもたちはひとりひとりユニークです。

そんな彼らへの支援における目標は、「みんなと同じ」「普通」ではなく、多様な「その子らしさ」に近づくことです。

診断の断は「断面」の断で、「断定」の断ではありません。子どもには障害以外にたくさんの面があることを忘れないでください。

本書で私は、「子の気持ち・親の気持ちへの理解を深める」「一緒に生きていく工夫とヒントを紹介する」の2つの面からアドバイスします!

case 1

話しだすと止まらないのはなぜ？

ベラ
ベラ
あのね～
地球上で一番大きい
シロナガスクジラの
心臓ってね
１００キログラム以上
あってね！
長さはね……
リュウ太
小３の頃
う……
うん
へ――
そうなの
ベラ
ベラ
ベラ
あとね～
この世から人がいなく
なったとしたらね
数百年後には
植物だらけになって
街は消えちゃうんだよ
建物は壊れてきて……
あ～で
こ～で
今 仕事中だから
その話は
後でいいかな
マンガの締め切りが
迫ってるの
え――
後でだと
言いたいこと
忘れちゃうから

う〜ん 邪険にすると 荒れるし 困ったな
リュウ太は 自分の好きな 話をしだすと 止まらない
相手が聞く態勢に あるかどうかは 考えません
でもね大昔からある ピラミッドは 残るんだってー
ベラ ベラ ベラ
おしゃべりの 連射が
学校では いやがられる こともあって
早口で わからない
オレの話 みんなちゃんと 聞いてくれない んだよっ
イライラ
うん うん
その分 家で おしゃべりして発散 したいみたいなので なるべく 話を聞いて あげたいんだけど
ホント長いと 1時間以上続いて タイヘン!!
でね それで
ベラ ベラ ベラ
いつ終わる!?
うん うん
早く 仕事をせねば

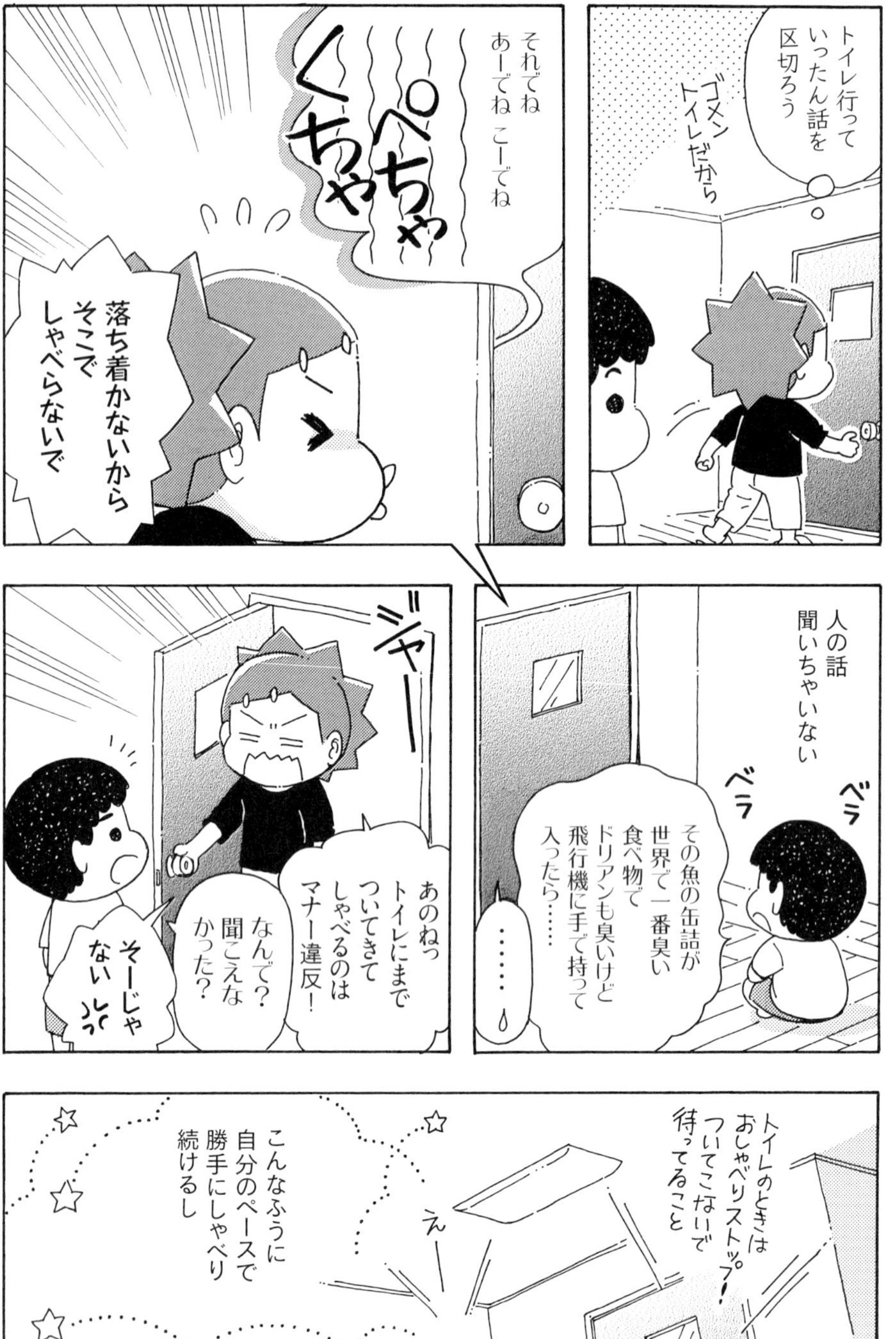
トイレ行って
いったん話を
区切ろう
ゴメン
トイレだから
それでね
あーでね こーでね
ぺちゃ
くちゃ
落ち着かないから
そこで
しゃべらないで
人の話
聞いちゃいない
ベラ
ベラ
その魚の缶詰が
世界で一番臭い
食べ物で
ドリアンも臭いけど
飛行機に手で持って
入ったら……
……
ジャー
あのねっ
トイレにまで
ついてきて
しゃべるのは
マナー違反!
なんで?
聞こえな
かった?
そーじゃ
ない
トイレのときは
おしゃべりストップ!
ついてこないで
待ってること
えー
こんなふうに
自分のペースで
勝手にしゃべり
続けるし

へー
よく知ってるね
この前買った図鑑を読みこんだの？
話に合わせてあげると
今 ボクがしゃべってるからお母さんは黙っててよっ
え!? 冷た 会話拒否
ナゼ急にムッとする？
お母さんは話しちゃいけないマイルールですか!?
なにか癇《かん》にさわること言った!?
リュウ太のことがわからないまま育ててきました
大きくなって落ち着いて話ができるようになったので
話しだすと止まらないのはどうしてか!?聞いてみました
ああ それはさー

本を読んで
感動したり
興奮したりすると
その情報を
早く誰かに
伝えた〜い！って
なるんだよね
リュウ太 20歳
ねぇねぇ
「こんな話知ってる⁉」って
みんなに発信したいんだ
ボクの話を
みんなに聞いて
ほしい‼
聞いてくれる人には
余計にたくさん
話したくなって
話してると
後から後から
湧いてきちゃって
ついアツク
語っちゃうんだ

流れるようにしゃべりたい
そういうときは
まわりのことや
相手のことは
考えられなくなって
ドドーン
さんすう 3
今 頭のなかに
あることを
全部出しきり
たいんだ!
本で読んだことを
ただ伝えたい
だけだから
話の途中で
なにか質問
されたら
こう思っちゃう
それってなに?
話を中断
しないでよ
人のコメントに
答えるところまで
考えてないんだ
気持ちよく
しゃべってたい
のに~
ええ~
そういうふうに
思ってるのか
リュウ太は演説を
したいのかもね
そうなのかな
とにかく
スッキリするまで
話したいんだよね

途中で止めるの 自分では 難しいんだよ だから人に 止めてもらう しかないんだ
ストーップ 今はムリ
よくお母さんが 言うセリフ
お願いだから 今から 2時間は 話しかけてこない でね！
ああいうふうに ハッキリ言って くれないと 話し続けていいのか ダメなのか わからないんだ
えー なんだよ
わかったよ ゲームでもするか
むくれるけど一応納得する
いやいやいや 冷たい言い方で ゴメン
まー 忙しいときは しゃーねーよ
ズ〜

今は
ききわけが
いいな～
まーね
よくしゃべる
リュウ太を
「うるさいな～」って
思うことも
あるけど
それは
自発的に
まわりとつながって
いこうとする
「表現」なのかもね
でも逆に
人の話が
聞けないのは
なんでだろう？
こんなことも
気になってきました
息子の口から
なにが出てくるかしら……？
ICE

前川先生
ADVICE

話し続けてしまう「理由」と
「気持ち」を受けとめましょう。
そのうえでわかりやすく止めます！

子どもの気持ち●「全部話さないと気持ち悪いんだ！」

◆「好きなこと・興味のあること」に特別な熱意がある

発達障害にもいろいろなタイプがあります。リュウ太くんのように「人に積極的に（しつこいくらい）関わる子」「自分からは関わらず、人の後についていくような子」そして「人をできるだけ避けようとする子」などがあげられます。

そんな子どもたちに共通してみられるのが、興味のあることとないこと、好きなことと好きではないこと、などへの態度が極端に違うという特徴です。とはいっても、誰でもある程度はそういうものでしょう。

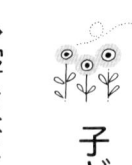

ところが、彼らの「興味のあること、好きなこと」に対する熱意は特別です。徹夜して大好きな図鑑を読破するとか、食事を忘れてサッカー選手について調べあげたりするため、「○○博士」というニックネームがついていることもめずらしくありません。「知りたい」「面白い」と思ったことは徹底的に知っていたいのです。

◆相手の立場にたてない。だから話をやめられない

彼らが、そうした「知っている」ことを話しはじめると、相手がどう思っているかにはお構いなしです。途中で止まりません。息つぎを忘れて呼吸が苦しくなってもやめません。

リュウ太くんのように、トイレまでついてきて話し続ける、なんてことも起こります。夜、布団に入った後、延々と話し続けて親を寝かせてくれないこともあります。

「他者には自分とは別の心があって、異なる体験をしている」ということがよくわかっていない

ため、相手が退屈していたり、相手に話したいことがあってもそれに気づけないのです。

◆全部いっぺんに話さないと忘れてしまう

一方、聞き手が相槌をうったりコメントしたりすると、彼らから「黙っててよ」なんて言われてしまうことがあります。質問されるとイライラしはじめる子もいます。

本人にとって話したい内容は全部でセットなので、最初から最後まで話さないと話した気持ちになれないうえ、中断されるとどこまで話していたかわからなくなってしまうからです。なかには相槌の意味がわからず、耳障《みみざわ》りな音としか受けとれない子もいます。

◆話すことで不安を解消しようとしている場合もある

なお、「不安だから話し続ける」場合もあります。

発達障害のある子は、「想定外のこと」に対して強い不安を体験します。たとえば授業の進み方が予測できなくなったり、周囲の話題についていけないと不安になり、自分になじみのあることを話して安心しようとします。その結果、同じことを延々と話し続けてしまうことがあります。

自分にとって関心のあることを話すことで、「周囲とつながろう」としているのです。

親の気持ち●「時間を割いてあげたい。でも、正直困る……」

◆子どもを優先できなくても、自分を責める必要はない

親は「聞いてあげたいんだけど」と思いつつも、嫌気がさしてくることでしょう。あるいは「自分の時間が欲しい」とも感じるはずです。親にもすべきこと、したいことがありますから当然です。子どもを優先できない自分を「親失格」と責める必要はないのです。

家庭は小さな社会です。他者と一緒に生きるなかでは、「常に自分の思い通りになるとは限らない」し、「いつも優先してもらえるわけではない」のです。こういったことは、社会に出る前に知っておかねばなりません。

話を聞くのが「無理」とか「できない」と伝えると、子どもの心が荒れてしまうこともあります。しかし、親が我慢ばかりしていると、子どもとの関わりがストレスにしかならなくなり、結果的にいい関係を続けられなくなります。

だからときには「無理」「できない」と伝えることも大切なのです。

話しだすと止まらないのはなぜ？ 工夫とヒント

話していい時間と場所を決めよう！

話す時間を上のような方法でコントロールしましょう。また、子どもが同じことを何時間も話すときは、安心を脅かす「ストレスのもと」がないか、様子を観察することも必要です。すでに書いたとおり、不安から自分を守ろうとして得意な話題を話し続けている場合もあるからです。

「察してよ」ではなくはっきり伝える 2

うんざりした表情やため息、忙しい素振りから子どもに「察してもらう」ことはできません。

我慢しすぎず、はっきりと言葉で状況を伝えます。「ダメ」と言うだけでなく、理由や、具体的にどうするかも明示しましょう。

場の状況を察することができない子もいますが、そんなときは「○○の話は家のなかではしてもいいです」と教えましょう。

他者の気持ちをきちんと伝える 3

「自分の時間がほしい」という気持ちをハッキリ言葉にして教えましょう。

「誰にでも『自分の時間』というのがあって、大切にしたいと思っているんだよ」

「『自分の時間』は仕事、趣味、休憩といった、自分のためのことを自由にする時間なんだ」

といったような声かけが考えられます。

4 子どものユニークさにも目を向けて

夢中になって話すテーマのなかに、子どものユニークで魅力的な世界が潜んでいることもあります。「すてきなことに興味を持ってるね」と親が関心を向けることで、子どもは自分らしさを肯定された気持ちになれることも覚えておいてください。

case2

逆に、話しかけるとキレるのはなぜ？

リュウ太 小3
あっ そうだ お母さん 牛乳パック ちょーだい
いいよ
車作るんだ
大きさは？
小さいの
小さいの 今はないな
今じゃ ないよっ
え？ いつ必要なの？
図工のとき
リュウ太は いつも 思いついたことから 言うクセがあって
それは今週？ 来週？
牛乳パックは いつ いるの？
他に必要な 物は？
わかりにくくて 聞き返すと
そんなの 今は わからないよっ
ムッ

ねぇ！
リュウ太の言ってること理解しようとして質問してるのに
その言い方はないんじゃない!?
どうして急に冷たい態度になるの—
プイッ
しらないよっ
息子なのにさっぱりわからん！
なんなのよお〜
学校の面談でも
3-3
リュウ太くんがずっとイライラしてて
クラスメイトに話しかけられて突然怒りだしてケンカになることがあります
ワー
そうですか……すみません
先生からこんな報告はしょっちゅうで

ナゼ声をかけられただけでケンカを？
うちの子ってやっぱり性格に問題があるんだ……
私のせいかな
キレる原因がよくわからなくてこう考えていたんです
そこにはこんな理由があるんだと20歳のリュウ太は言いました
絵を描いたり工作をしているときに
話しかけられるのスゲー ムカツク
それなに？車の絵？
急に話しかけないでよビックリした
ねえねえなんでいつも車の絵描いてるの
見ればわかるだろって質問をしてくるからイヤなんだ

創作中は目の前に自分の世界が広がっているんだよ
だけど話しかけられるとそれがパッと遮断されて世界が消えちゃうんだ
たいした用じゃないなら話しかけてくるな
見るなよ
へんなの—
なにそれ
どうせひやかしでちょっかい出しにきてるんだろ
ああもうこの絵はダメだ
ぐわしゃ
創作中はボクのことはほっといてくれー!!
一人になれる時間がないとストレスが溜まるから
ボクは創作をしていたいんだ
工作

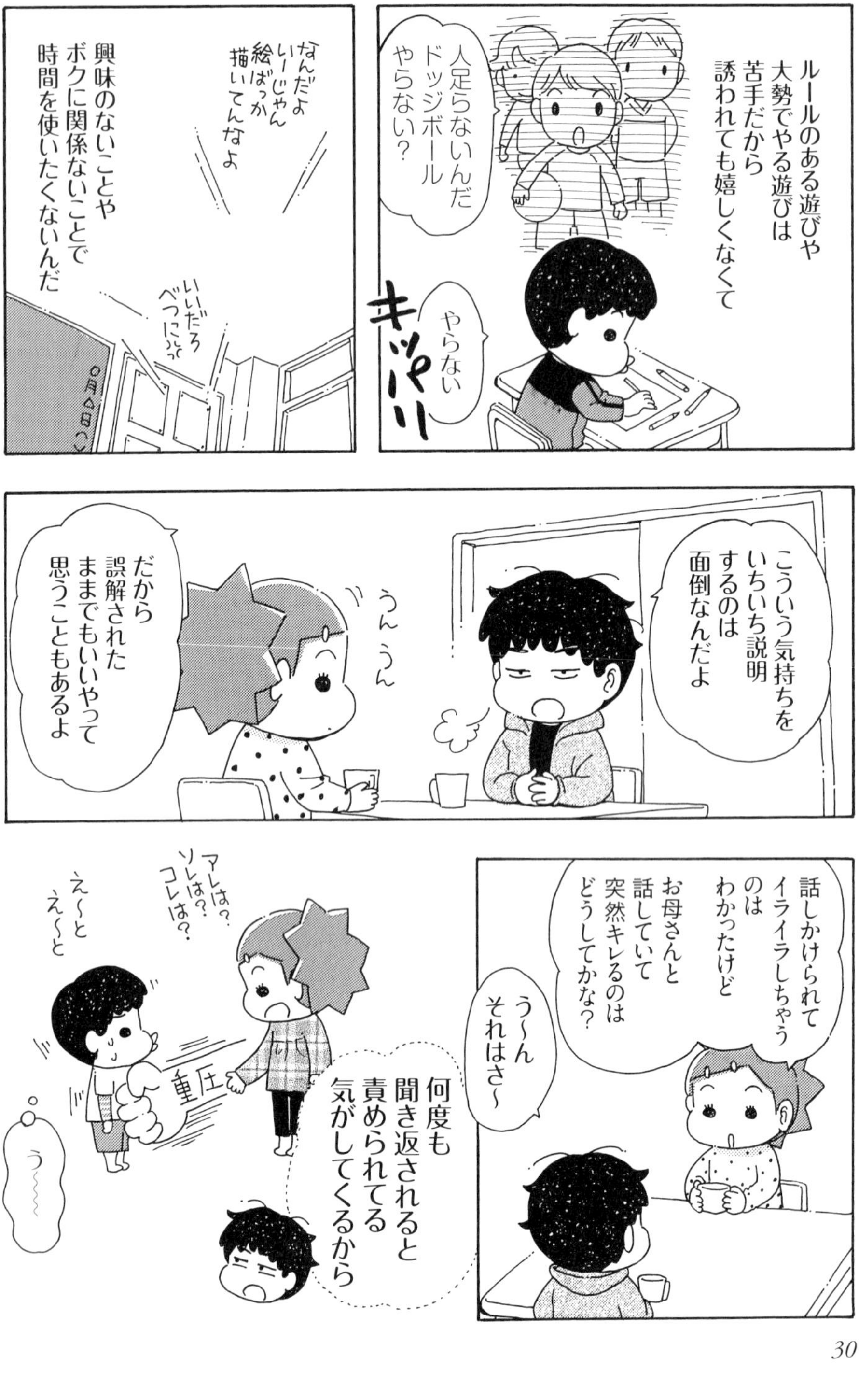
ルールのある遊びや
大勢でやる遊びは
苦手だから
誘われても嬉しくなくて
人足らないんだ
ドッジボール
やらない？
やらない
キッパリ
なんだよ
い～じゃん
絵ばっか
描いてんなよ
いいだろ
べつに
興味のないことや
ボクに関係ないことで
時間を使いたくないんだ
こういう気持ちを
いちいち説明
するのは
面倒なんだよ
うんうん
だから
誤解された
ままでもいいやって
思うこともあるよ
話しかけられて
イライラしちゃう
のは
わかったけど
お母さんと
話していて
突然キレるのは
どうしてかな？
う～ん
それはさ～
何度も
聞き返されると
責められてる
気がしてくるから
アレは？
ソレは？
コレは？
え～と
え～と
重圧
う～～～

うわ〜〜〜
次々と質問しないで〜
え〜と
え〜と
ボクは思い出すのに
時間がかかるんだ
焦ると余計に
こんがらがっちゃうよ

答えたいけど
頭が真っ白に
なっていって
なんだっけ!?
フリーーズ
なにを質問されて
いたのか
わからなく
なるんだよね

「もう一回
言って」って
言ったら
怒られるかな?
教えてくれたとしても
また忘れちゃったら
どうしようという
恐怖があって

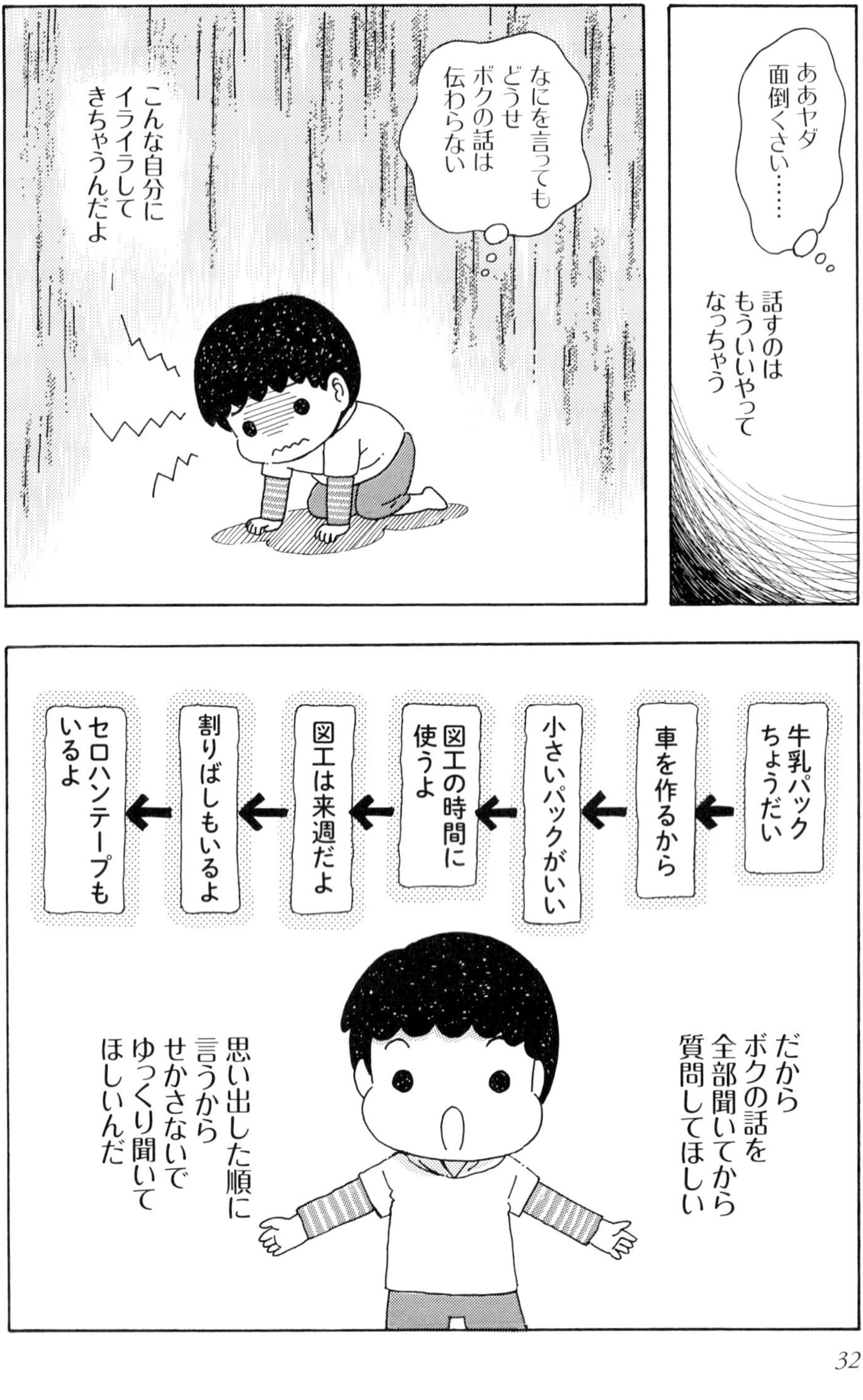
ああヤダ 面倒くさい……
話すのは もういいやって なっちゃう
なにを言っても どうせ ボクの話は 伝わらない
こんな自分に イライラして きちゃうんだよ
牛乳パック ちょうだい
車を作るから
小さいパックがいい
図工の時間に 使うよ
図工は来週だよ
割りばしもいるよ
セロハンテープも いるよ
だから ボクの話を 全部聞いてから 質問してほしい
思い出した順に 言うから せかさないで ゆっくり聞いて ほしいんだ

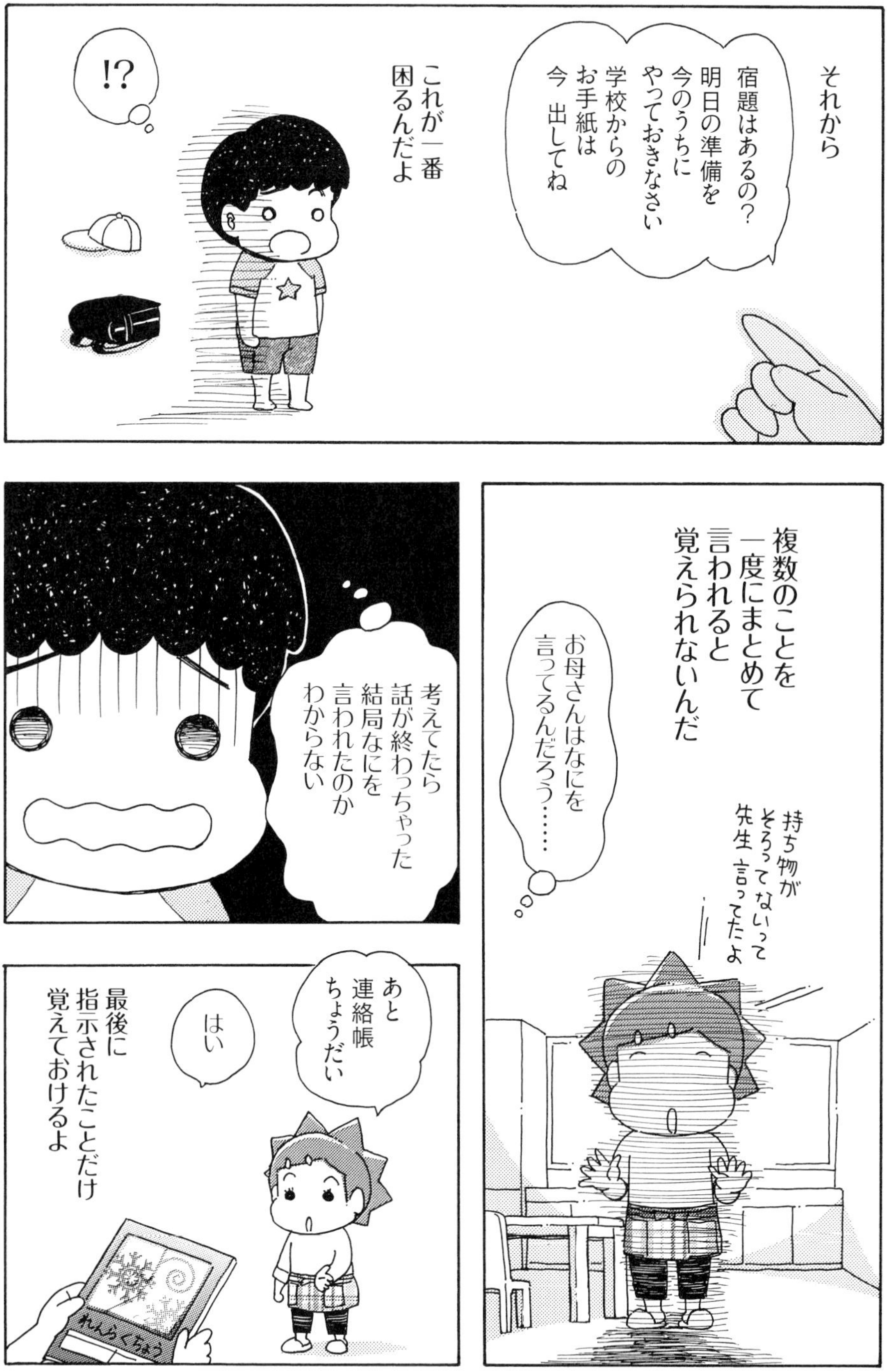
それから
宿題はあるの？明日の準備を今のうちにやっておきなさい学校からのお手紙は今　出してね
これが一番困るんだよ
!?
複数のことを一度にまとめて言われると覚えられないんだ
お母さんはなにを言ってるんだろう……
持ち物がそろってないって先生言ってたよ
考えてたら話が終わっちゃった結局なにを言われたのかわからない
あと連絡帳ちょうだい
はい
最後に指示されたことだけ覚えておけるよ
れんらくちょう

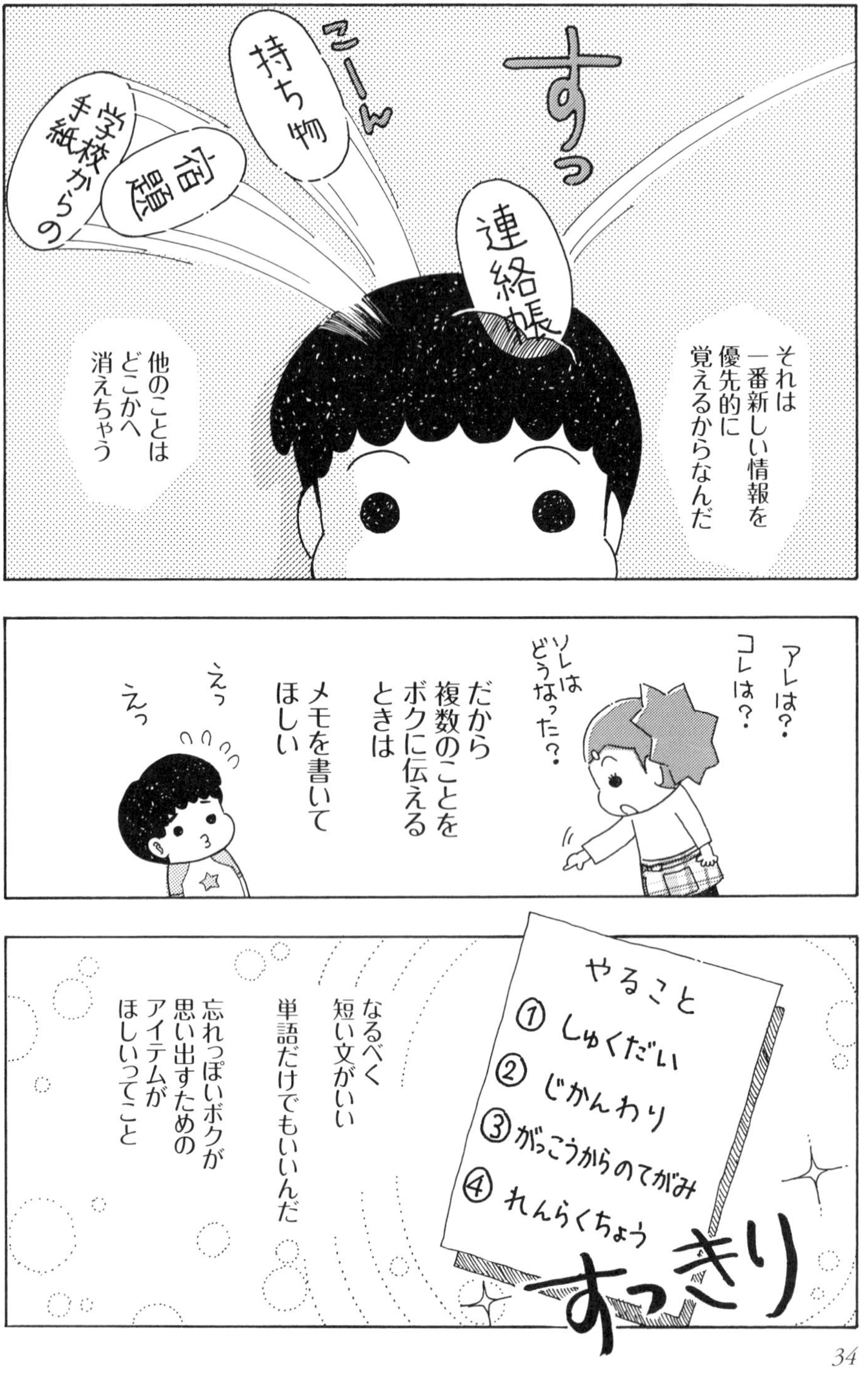
すっ
連絡帳
それは一番新しい情報を優先的に覚えるからなんだ
こーん
持ち物
宿題
学校からの手紙
他のことはどこかへ消えちゃう
アレは？コレは？
ソレはどうなった？
だから複数のことをボクに伝えるときはメモを書いてほしい
えっ
えっ
やること
① しゅくだい
② じかんわり
③ がっこうからのてがみ
④ れんらくちょう
すっきり
なるべく短い文がいい
単語だけでもいいんだ
忘れっぽいボクが思い出すためのアイテムがほしいってこと

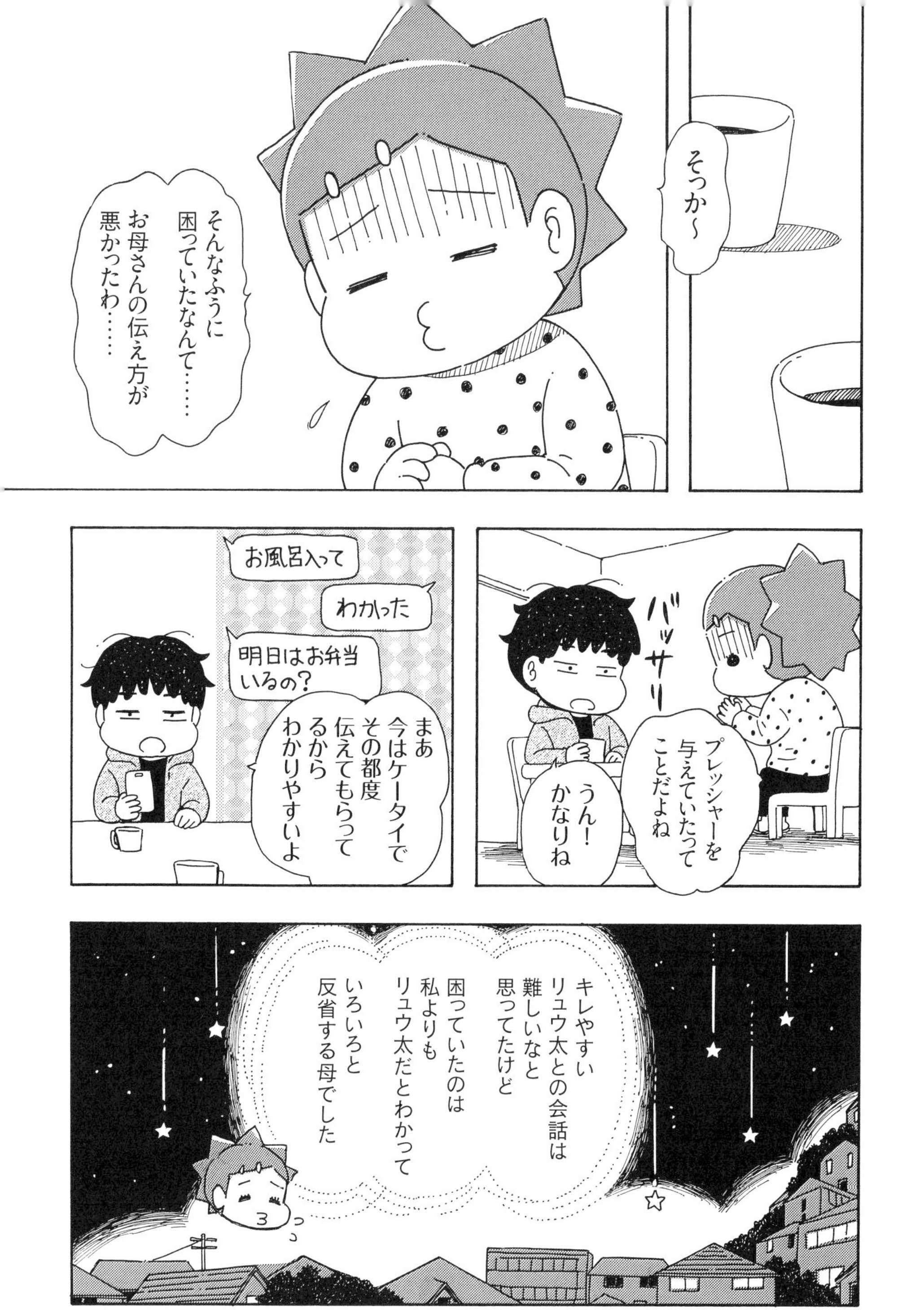
そっか〜
そんなふうに困っていたなんて……お母さんの伝え方が悪かったわ……
バッサリ
プレッシャーを与えていたってことだよね
うん！かなりね
お風呂入って
わかった
明日はお弁当いるの？
まあ今はケータイでその都度伝えてもらってるからわかりやすいよ
キレやすいリュウ太との会話は難しいなと思ってたけど
困っていたのは私よりもリュウ太だとわかって
いろいろと反省する母でした

前川先生
ADVICE

無理な介入は子どもを混乱させるだけ。本人に困っている様子がないなら、「少し待つ」「見守る」姿勢が大事です。

子どもの気持ち●「疲れをとるための大切な時間なんだ！」

◆周囲にあふれる感覚刺激で疲労困憊しているかもしれない

発達障害の子は、「人嫌いではないのに、人といると極端に疲れてしまう」という体験をしていることが多く、そのため休み時間や放課後は一人になりたいと思っていたりします。本書ｃａｓｅ５の内容を少し先取りすることになりますが、これには感覚過敏が関係することが多いようです。

学校には人の体臭、声、動き、音など五感を揺さぶる刺激が盛りだくさんです。他者とコミュニケーションをとるには、五感を刺激するたくさんの情報のなかから必要な言葉や内容に集中し、しかも、それに適切に反応しなくてはなりません。ところが、彼らはそういったことが苦手なのです。だから人より心身を酷使して、ひどく疲れてしまうのです。

◆予測できない介入は、本人にとっては「迷惑」

だから、リュウ太くんが上手に表現していますが、「一人になれる時間がないとストレスが溜まる」ため、「ほっといてくれ」と言うときが一日のうちに何回かあります。その時間は「好きなこと」「していると安心できること」に没頭したいときで、心身の疲労を回復し、気持ちを切り替えるうえで大切な時間なのです。

そんなときに近づいてくる人は、彼らには「迷惑な侵入者」「邪魔者」としか感じられません。邪魔がささやかであれば無視して自分の時間を守りますが、無視しきれなくなると、攻撃してきます。あくまでも自分と自分の世界を守るための反撃なのです。

◆「いつも一人」が好きとは限らないので要注意

とはいえ、みんなと一緒に遊ぶことを嫌がっているとは限りません。そういう遊び方にあこがれているのに誘い方がわからなかったり、仲間に入れてもらう声のかけ方がわからないという子もいます。

また、流行っている遊びのルールが理解できていないことや、勝敗に対する感覚の違いから、みんなとより一人で遊ぶほうを選んでいることもあります。

◆多くの情報を記憶にとどめておくのは苦手

発達障害の子どもは、一度にいろいろ質問されると混乱しがちで、リュウ太くんのように「何度も聞き返されると責められてる気がしてくる」という体験もしています。

これは、その場で次々に入ってくる刺激を一時的に記憶にとどめること（作業記憶）が苦手だという特性と関係しています。複数のことを言われると、そのなかの一つか二つしか記憶に残らなかったり、一つのことについて考えていると、他は聞こえなくなるのです。

たとえば、「体操服を着てから音楽室に行って、好きな楽器をもって校庭に集合」と先生から言われたとしましょう。すると、

- 体操服に着替えただけでボーッとする子
- 楽器のことで頭がいっぱいになって、着替えないまま音楽室に急行する子
- 最後に指示されたことだけが頭に残って、手ぶらで校庭に出てしまう子
- たくさんのことを言われて、どうしたらいいかわからなくなり、教室に一人残る子

などが出てきてしまいます。

親の気持ち●「わかってあげたいだけなのに……」

◆働きかけて拒否されると、気持ちが乱れる。それは当然のこと

「子どものことをわかっていたい」という気持ちは、わが子に発達障害があろうがなかろうが、誰もが共通して抱く親心です。そこには、「理解して味方になってあげたい」という思いも含まれていることでしょう。だから「うるさい」「うざい」などと子どもから言われると、親は情けない気持ちになる一方、腹が立ったりもするのです。

◆「成長の証」と理解できるのが理想

子どもが成長するにつれて親子一緒の時間は限られるようになり、さらに、子どもが「秘密」を持つようになります。家での顔と外での顔が異なってくるのです。

ところが、親の気持ちとしては、相変わらず「子どもをわかっていたい」ので、ついついしつこく確認したり、問い詰めたりして、子どもと衝突してしまいます。「幼いときのように、なんでもわかるわけではない」というのは、実は成長の証なのです。

逆に、話しかけるとキレるのはなぜ？

工夫とヒント

話しかける必要があるときは

発達障害の子は「突然の介入」「確認」「質問」に動揺しやすいのです。深呼吸して穏やかな声で話しかけましょう。「今すぐやめ！」とは言わず、上のように「〇時まで」と期限をつたえるようにします。自分で切り替えられるように、2度はチャンスを提供してみましょう。

確認するときの原則 2

子どもの話の途中で介入する必要があるときは、できるだけ切りのいいところまで待ちましょう。

確認や言いたいことは、「一回に一つ」を心がけます。子どもが疲れているときは厳守です。集中力が低下し、記憶や切り替えが難しくなっているためです。

子どもが静かで落ち着いているときは少し増やしても大丈夫かもしれません。

メモの習慣をつける 3

耳からの情報を記憶するのが苦手な子もいます。視覚情報で補いましょう。メモを冷蔵庫などに貼ったり、付箋《ふせん》を使ったりするのは有効な手段です。

短文や単語だけで書き、絵、記号、写真なども使いましょう。

▲親がメモを習慣にすると、子どもも自分でメモするようになることがあります。

4 「聞き返してもいい」と伝えよう

リュウ太くんのように、「『もう一度言って』と言ったら怒られるのではないか」と誤解している子もいます。「わからなくなったら聞き返していいよ」とあらかじめ伝えておくと不安が軽くなるかもしれません。

親切が理解できる？ case3

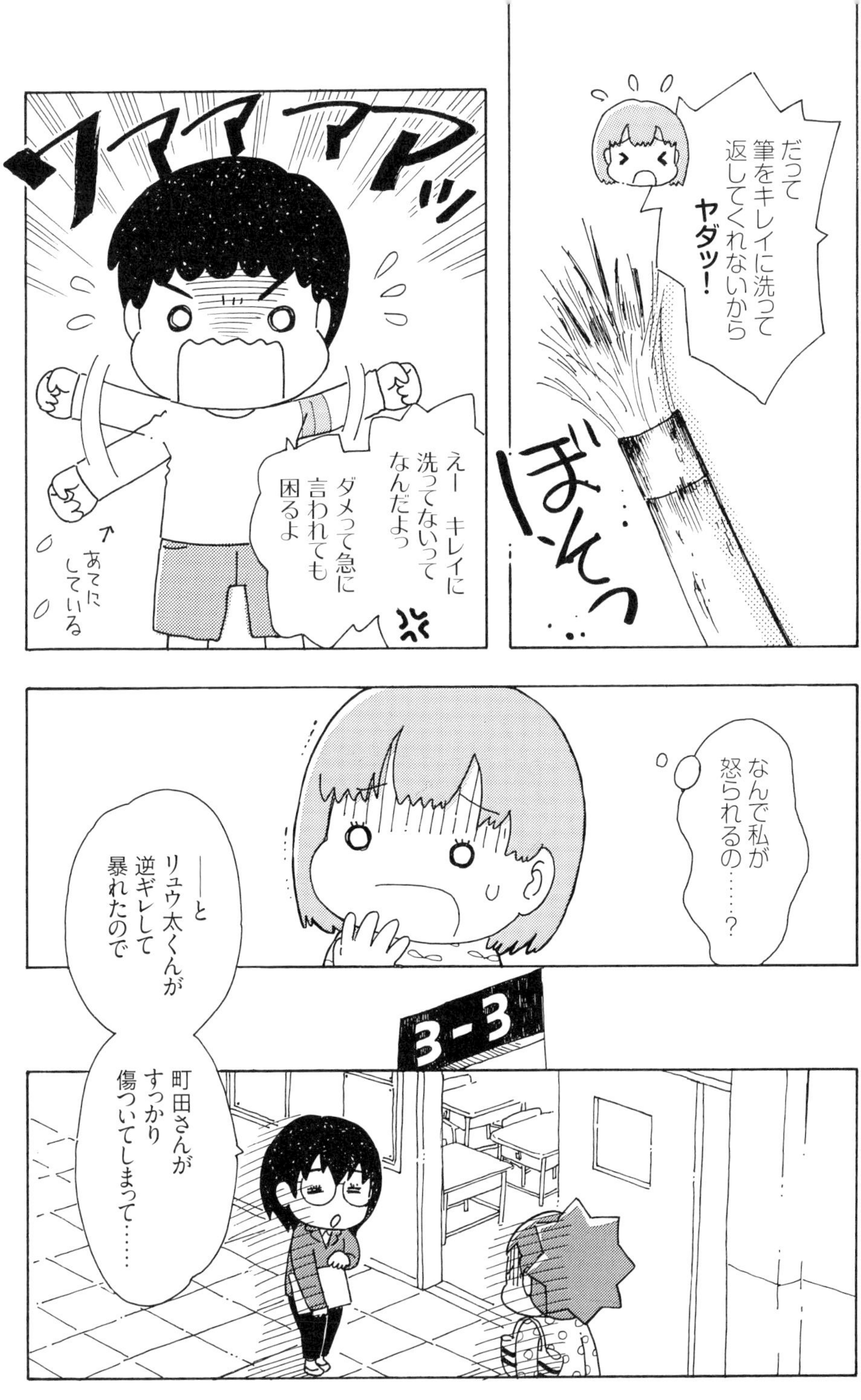
だって
筆をキレイに洗って
返してくれないから
ヤダッ!
ぼんっ
ワアアアアッ
えー キレイに
洗ってないって
なんだよっ
ダメって急に
言われても
困るよ
あてに
している
なんで私が
怒られるの……?
——と
リュウ太くんが
逆ギレして
暴れたので
3-3
町田さんが
すっかり
傷ついてしまって……

リュウ太くんは
筆をキレイに
洗ったと言うけれど
キレイ好きの
町田さんには
耐えられないこと
なんですね
それで
リュウ太くんは
怒ったままで
今日は習字をせず
机で寝ていました
本当に
すみません
息子と
話してみます
ハイ
リュウ太のことで
学校からの呼び出しや
電話はしょっちゅうです
毎回とても
情けない気持ちに
なりますが
落ち込んでばかり
いられません
まったくもー
自分のことばっかりで
相手のこと全然
考えてないんだから
なんで町田さんに
怒るかなー？
謝るのが先でしょうが

ちょっとリュウ太
先生から聞いたよ
町田さんに怒るっておかしいでしょ
それよりも「キレイに洗わないでゴメンね」と言わなきゃね
それと普通は「いつも貸してくれてありがとう」って言うべきだと思うの
小学生の頃のボクは普通はどうするかなんてことがわからなかったんだよ
20歳のリュウ太
筆のことがイヤだったら「イヤだ」と言ってくれなきゃわからなかったんだ
??
それに親切とか感謝ってなにかあの頃のボクは知らなかった……
フンッ
うるさいなー
ボクなら筆が汚いくらいで怒らないのにな
ドンドン
うわっなんつー身勝手な論理!!

あのね キレイと感じる レベルは 人それぞれ違うの リュウ太がキレイに 洗ったと思っても 町田さんには まだ汚いレベル だったわけ
まごころ
親切屋
閉店ガラガラ
待って
さいなら
いつも親切に してくれる人が 変わらず ずっと親切にしてくれる わけじゃないんだよ
リュウ太の 行動しだいで 親切は突然 終了するの
え――
いつも優しくして もらってたんだから 「ありがとう」って 感謝の言葉を きちんと伝えないと 嫌われちゃうわけ
わかる?
ん――…… 優しくして もらったことが ないから わからないよ
は!?

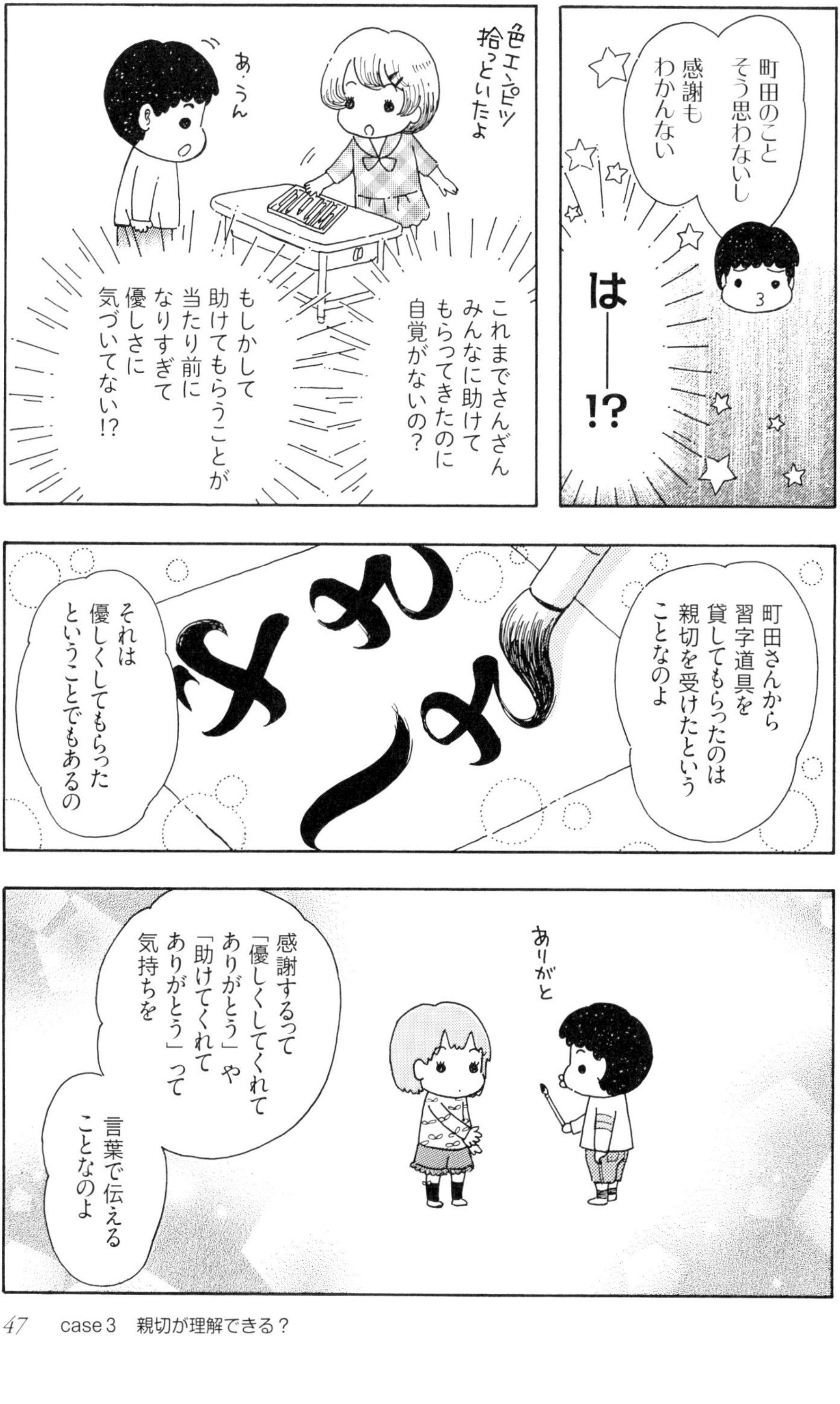
町田のこと
そう思わないし
感謝も
わかんない
は——!?
色エンピツ拾っといたよ
あ・うん
これまでさんざん
みんなに助けて
もらってきたのに
自覚がないの？
もしかして
助けてもらうことが
当たり前に
なりすぎて
優しさに
気づいてない!?
町田さんから
習字道具を
貸してもらったのは
親切を受けたという
ことなのよ
それは
優しくしてもらった
ということでもあるの
ありがと
感謝するって
「優しくしてくれて
ありがとう」や
「助けてくれて
ありがとう」って
気持ちを
言葉で伝える
ことなのよ

ふーん
わかってくれたかな
忘れたの貸してあげる
私が書き終わったら次に使っていいよ
でも習字道具は町田から使っていいって言ってきたから違うよ
ボクからお願いしたわけじゃないから親切じゃないよ
ポカーン
この子はなにを言ってるの!?
あのねっ
あなたが頼んでないことでも助けてもらったことは親切を受けたことになるんです――!!
え!そうなの
このわからず屋めっ
プルプル
そんなに怒らないでよ知らなかったんだから

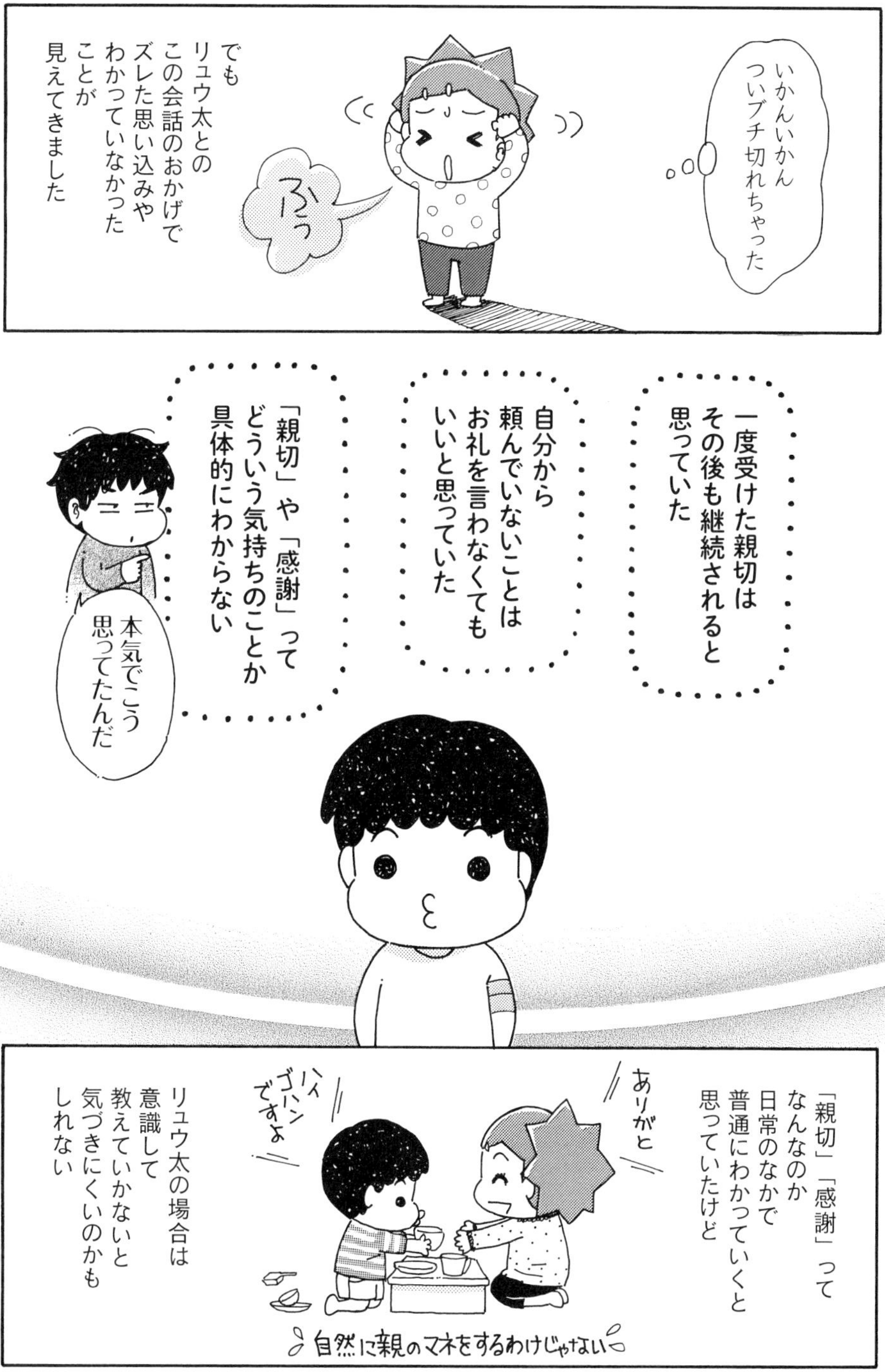
いかんいかん
ついブチ切れちゃった
ふーっ
でも
リュウ太との
この会話のおかげで
ズレた思い込みや
わかっていなかった
ことが
見えてきました
一度受けた親切は
その後も継続されると
思っていた
自分から
頼んでいないことは
お礼を言わなくても
いいと思っていた
「親切」や「感謝」って
どういう気持ちのことか
具体的にわからない
本気でこう
思ってたんだ
「親切」「感謝」って
なんなのか
日常のなかで
普通にわかっていくと
思っていたけど
ありがと
ハイ
ゴハン
ですよ
リュウ太の場合は
意識して
教えていかないと
気づきにくいのかも
しれない
自然に親のマネをするわけじゃない

優しさにも
いろいろあるから
親切を受けたときに
マメに教えていこう！
インフルエンザ
谷口くんが
学校から
プリント持って
きてくれたよ
幼なじみ
くる日も
寒い日なのに
わざわざ
寄ってくれて
谷口くんて
親切だね
ん――
くる日も
おばあちゃんが
リュウ太の好きな
お団子
買ってきてくれたよ
おばあちゃんは
リュウ太に
優しいね～
うん
優しくして
もらえたときには
言葉にして
伝えていくことに
しました
刷り込み作戦

そんなことを
くり返してみても
小・中学生のときは
リュウ太の成長が
目に見えるまでに
なりませんでしたが
毎日
谷口くんに
カバン持って
もらってて
ありがとう
言ってないの⁉
それ
ヒドイよ
リュウ太 中2
骨折中
あ……
忘れてた

友だちに
昼メシおごって
もらったから
バイト代で
ラーメンおごりに
行ってくる
いってらっしゃい
お礼を
忘れずにね！
高校生の年齢になると
少しずつですが
受けた恩や
人の優しさって
なんなのかが
わかってきたようです

時間はとても
かかるけれど
いろいろな場面で
人の気持ちについて
気づかせるように
促すしかないのかな～
と思うのでした
ふぅ

前川先生
ADVICE

彼らにも感謝の心や親切心はあります。状況や言葉の意味がつかめないため、うまく表現できずにいるのです。

子どもの気持ち●「曖昧でわかんないことが多すぎる！」

◆意味が文脈次第で変わる言葉は、理解するのが難しい

発達障害がある子どもたちは、形容詞、形容動詞、副詞の意味を文脈に即して理解するのが苦手です。「普通」「優しい」「親切だ」「のんびり」「まもなく」といった言葉は、状況によって意味が変わることがあるからです。

たとえば、駅のホームで聞く「まもなく電車が到着します」というアナウンスは1～2分後を指していますが、妊娠中のお母さんが「まもなく妹を産む」のは来月のことだったりします。

これに加えて、彼らのなかに「ぼくからお願いしたわけじゃない」という思いがあると、リュウ太くんのように相手の行為を「親切」と受け取れない場合がでてきたりするわけです。ときには、「自分でやれたのに。なんでそんなことするんだ」ぐらいに思っていることさえあります。

だから、自分の好きなトレーディングカードを大人が買ってくれるのは「優しい」と理解できても、友だちが習字道具を貸してくれるのは「優しい」と理解できない場合があるわけです。

◆具体的なアドバイスでないと伝わらない

大人はしばしば「優しくしてあげなさい」と助言しますが、なにが「優しくする」ことになるのかは状況により異なるため、発達障害の子には曖昧なままです。だから、どうしたらいいか戸惑ったり、ある場面で「優しい」といわれていた行為を、相手が必要としているかどうかに関係なくおこなって、相手を戸惑わせてしまうことがあります。

そういうとき大人は、わかりやすくしようと「相手が喜ぶことをするといい」と重ねてアドバイスすることがありますが、彼らはもっと困ります。自分が嬉しいことは思いつきますが、相手がどういうことで喜ぶのかはピンとこないからです。

◆感謝の気持ちや優しさはあるが、うまく表現できない

発達障害がある子も、相手を喜ばせることに無関心なわけではありません。「誰かが困っていたら助けたい」という思いはあります。また、「ありがとう」と言えなくても、感謝の気持ちがまったくないわけではないのです。

気持ちをうまく表現できない理由はいろいろ考えられます。たとえば、単にどのタイミングで、どのようにお礼を言ったらいいかわからないという場合もあるでしょう。

あるいは、「ありがとう」という言葉をかけることに特に意味を感じていない子もいました。「感謝を表現する言葉によって、他者との関係が維持される」ということがよく理解できていないのです。

これには、発達障害の特性が関係しているかもしれません。彼らは想像力や共感力が偏っていたり、思い込みが強く視野が狭いため、相手の立場にたったり、察したりするのが苦手なのです。

親の気持ち●「冷たい人に育たないか心配……」

◆自分の子育てを批判されていないか不安になる

親は「子どもが将来、孤立してしまうのではないか」と心配にもなれば、「まわりから『親はなにをしてる』『育て方が悪い』と思われてしまうのではないか」と気になることもあるでしょう。

この世に生きていく以上、人間関係から逃れることはできません。いい関係を築いて友だちを増やしてほしいと願うのが親心です。そのためにも、人の気持ちを思いやることや、優しくされたら感謝することは重要です。

特に感謝は言葉にしないと伝わりにくいので、親は、「お礼言った?」などと、うるさく確認してしまうのです。

親切が理解できる？ 工夫とヒント

抽象的なことは具体的で目に見える行動に

にゃんこ。さんの「親切を受けたときにマメに教えていこう」は、すてきな思いつきです。親が日常のなかで「優しい」行動をとったり、親切に対して「ありがとう」とはっきり表現したりするのも具体的でわかりやすい見本になり、記憶にとどまりやすくなります。

感謝の表し方を型で教える 2

　気持ちがこもっていないのは大目に見て、まず型を覚えてもらうのも大事です。次のことを試してみてください。

・「なにかしてもらったら、まず『ありがとう』と言おう」と教える
・いろいろな「ありがとう」の言い方を子どもと試し、本人が言いやすい方法を探してみる

▲「親切にしてもらえてうれしい」という気持ちがともなった記憶は、子どものなかに残って対人関係への信頼感を育みます。

親が落ち着くことも大事 ゆっくり呼吸してみよう 3

　子どもに「おバカー」と叫びたくなる気持ち、よくわかります！　でも、叫ぶのは心のなかだけにしましょう。親自身が心を落ち着けないと、子どもに伝えたい言葉が届きません。次のようにしてみましょう。

①目をふわっと閉じ、「落ち着け落ち着け」と自分に言い聞かせる
②鼻呼吸で、１、２、３、４でゆっくり吸い、１、２、３、４でゆっくり吐く、をくり返す

「ごめんなさい」が言えないのはなぜ？

case4

「ありがとう」が言えない他にもリュウ太はこんなことで私を困らせました
保育園 5歳児の頃
悪いことをしたら謝るんだよね
・・・・・・
「ごめんなさい」は？
だんまり
オモチャを投げてしまった
リュウ太ってホントいつもごめんなさいを言わないよね
あ…お母さん怒らないであげてください
本当にすみません
リュウ太くんも反省してると思うのでおうちで叱らないであげてください
幼い頃から「ごめんなさい」を絶対に言わないのでした

素直に謝ることが
恥ずかしいのかな？
大きくなったら
変わるかな？　と
思っていたんですが……
リュウ太
小4の夏
この手紙を
配ったら
作業が終わるから
リュウ太の様子を
見にいってみようかな
PTA活動の
事務仕事中
正しく並んで
順番を守らないと
ダメじゃないかっ
誰か怒られてるわ
図書室の本は
みんなのものなんだ
大切にしなさいっ
図書室
司書さんに
きちんと謝りなさい！
静《しず》かに
まさか
うちの子――!!

いやな場面に遭遇しちゃった
リュウ太ったらなにしでかしたんだろう?
ドキ
ドキ
ドキ
ナゼ謝れない!? お前のしたことは悪いことなんだぞ
……
だんまり
マズイ! 貝になってる
先生や司書さんを困らせる展開だわ
なにがなんでも開けまへん
反省してるのか!?
あの~ リュウ太の母です~
あっ お母さん どうも
書室
うちの子がまたなにかしたんですね!?
きちんと謝れない子ですみません
ばーん
リュウ太くんが貸し出しの列に並ばないで割り込んだので注意したら
怒って本を乱暴に扱ったのでこうなってます

本人も反省していると
思うので
今日のところは
これでヨシとします
もう
やらないでね
私もその場で
注意したので
なにが悪かったか
気がついていると
思います
リュウ太が
反省？……
しているようには
見えないん
ですけど
じろっ
図書室
リュウ太
帰ったら
話そうね
この場は
ヨシでも
お母さんは
納得できません
からねっ
今日こそ
謝らない
強情なところを
正してもらわないと!!
お母さんは
恥ずかしいです!!
――で今日
学校で
ごめんなさいを
言わなかったのは
どうしてかな？

キッパリ！
だって ボクは悪いこと してないし
本を机に バーンと置いたのも わざとじゃないし
そこは 並ぶところじゃ ありませんよ
こっちに 並んでください
え～ わからな かったよ
ボクは並んでたのに
え～ この列に 並ぶの
キーンコーンカーンコーン
休み時間が 終わっちゃう
早く 借りなきゃ
ボクは みんなよりも先に 待っていたんだから
割り込みは ダメです！ きちんと並び 直してください
なんでだよっ ボクのほうが 早かったのにっ

もう
いいよっ
ばーーん
怒りを本に
ぶつけちゃ
ダメじゃない
わざとじゃ
ないよ
つい
やっちゃったことを
わざとじゃないって
言ってるのかな!?
わざとじゃ
なくても
悪いことに
かわりないよ
「どこに並べば
いいのか
わかんない」って
話そうとしたのに
司書さんが
聞いてくれないのが
悪いんだよ
なにがなんでも
人のせい!?
んも――
リュウ太は
自分のいけないところ
わかってない
少しも悪びれずに
原因は向こうにあると
主張するのでした

そこで その当時 どんな気持ち だったのか
20歳になった リュウ太に 聞いてみたのでした…
小学生
成人
謝らない理由!?
だってオレが 謝ったところで やってしまったことは とり消せないだろ
それに 謝ったって 相手は水に流して くれるわけじゃないし むしろ怒ったまま だったりするから 謝ること自体に 意味があるのかな? って思ってた
人はすぐに 怒りが鎮まる ものじゃないけど 謝ってほしいもの なのよ
それは 反省してほしいって ことなの

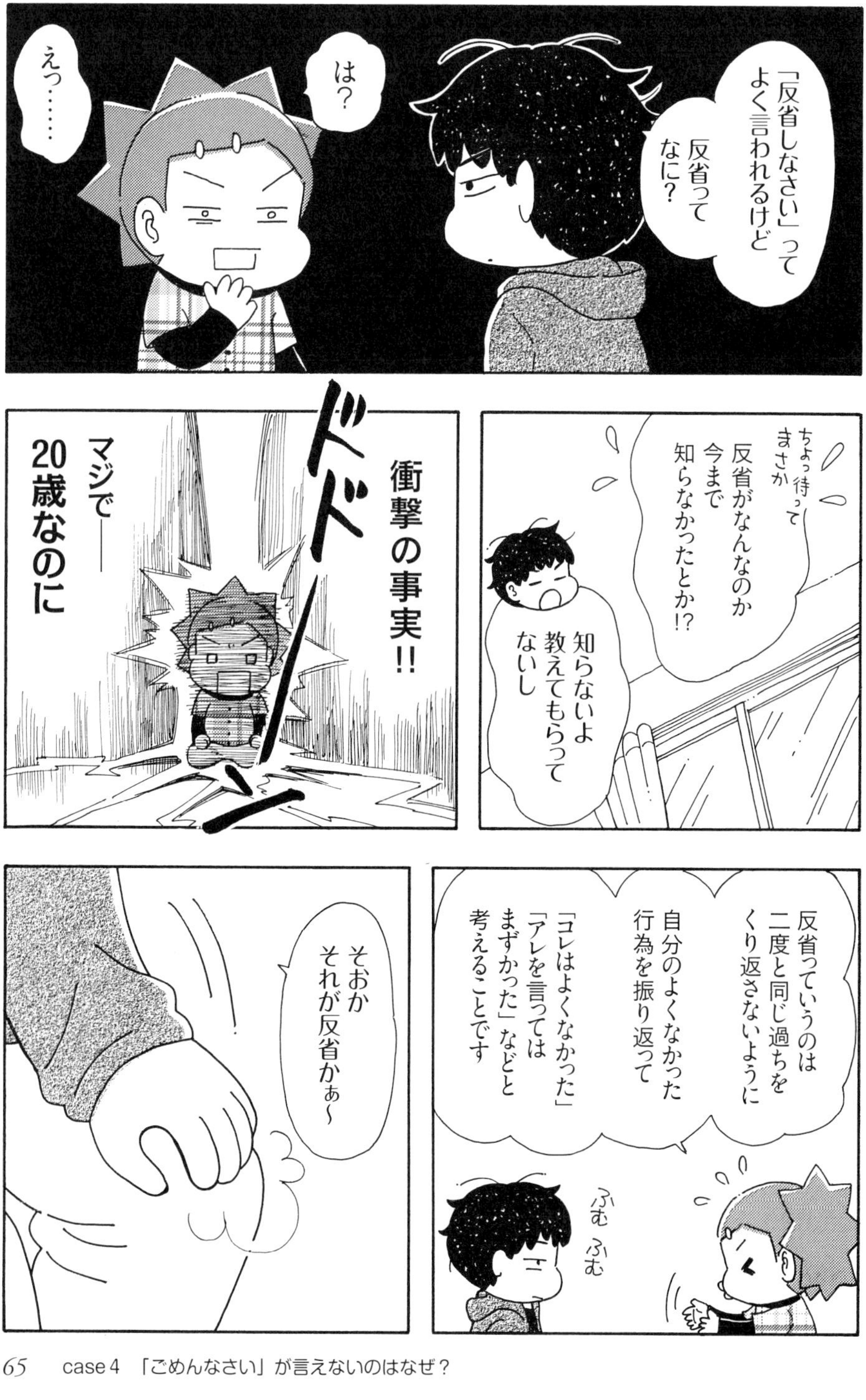
「反省しなさい」ってよく言われるけど
反省ってなに？
は？
えっ……
ちょっ待ってまさか
反省がなんなのか今まで知らなかったとか!?
知らないよ教えてもらってないし
ドドーン
衝撃の事実!!
マジで――
20歳なのに
反省っていうのは二度と同じ過ちをくり返さないように
自分のよくなかった行為を振り返って
「コレはよくなかった」「アレを言ってはまずかった」などと考えることです
ふむ ふむ
そおか それが反省かぁ～

したことがないな
ボリボリ
!!
マジですか
過ぎてしまったことは
もうどうでもいいやって
思うし
振り返って
考えるなんてこと
いちいちしなかった
え――
昨日塾の宿題持ち帰るの忘れたよね
そーだっけ?
よく過去のことを
蒸し返されて
怒られるけど
覚えてないこと
言われても
なんのことだか
わからないし
「謝れ」
「反省しろ」って
言われても
だいたい
なんでオレだけが
悪いわけ？ って
ことばかりだよ
ソレって
お互い様じゃないの!?
って思うことに
いちいち謝りたくないよ

それに謝れと言われれば言われるほど謝りたくなくなるんだよね
謝れ!
お前が悪い!!
謝りたくないと思っているのにウソの謝罪なんかしたって意味がないと思ってる
力に屈したくない!
でもそれだと社会に出てからも人とぶつかるからある程度自分から折れて謝ったほうが得なのよ!
さすがに今はバイト先では謝るようにしてっから大丈夫だって
こいつ…
オレは悪くないっ
ギン
言い方に悪意がある人には絶対謝りたくないけどね
は――難しい子ね
いろんな理由があるのってこだわりが原因なのかな？

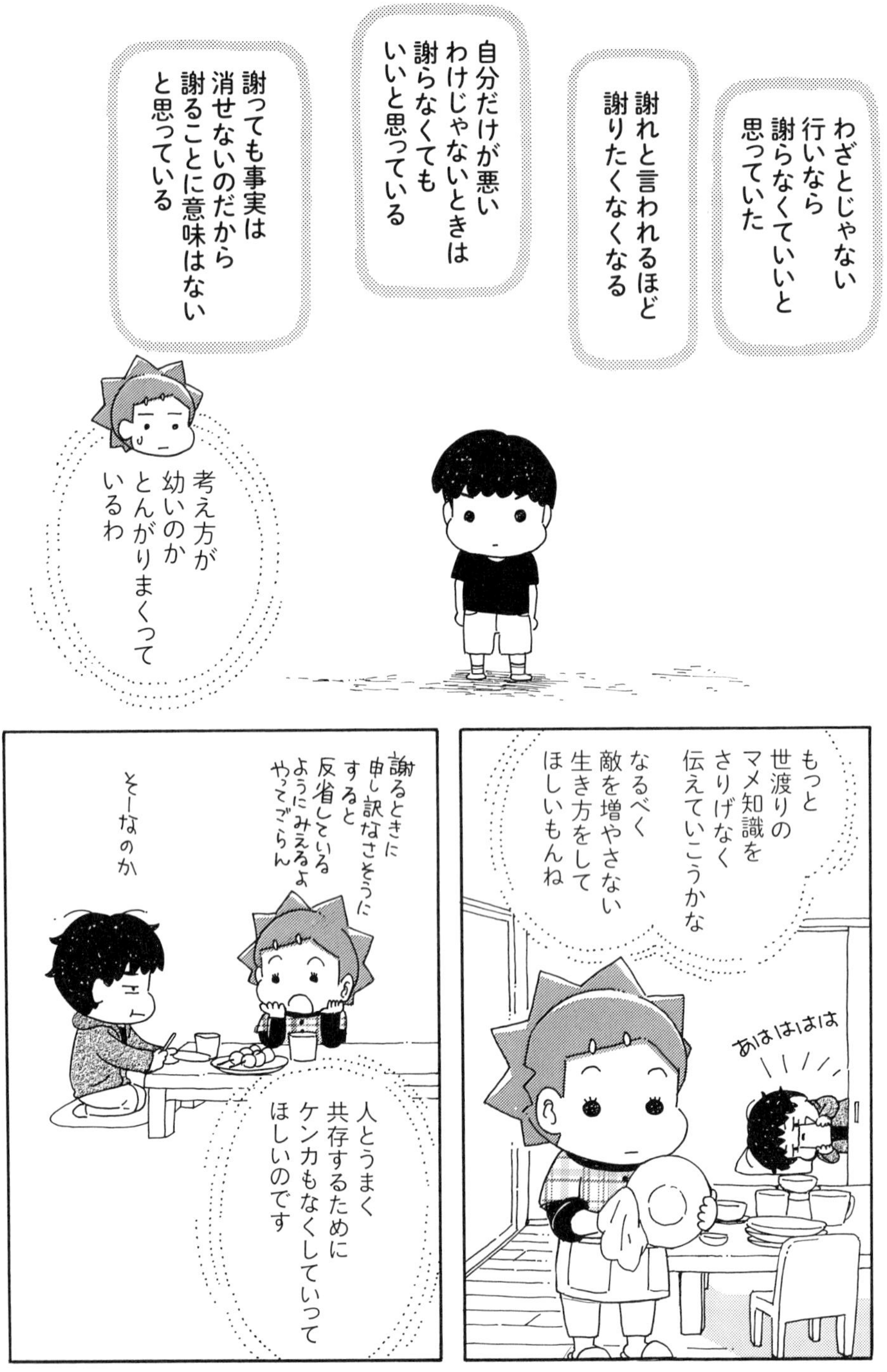
わざとじゃない行いなら謝らなくていいと思っていた
謝れと言われるほど謝りたくなくなる
自分だけが悪いわけじゃないときは謝らなくてもいいと思っている
謝っても事実は消せないのだから謝ることに意味はないと思っている
考え方が幼いのかとんがりまくっているわ
もっと世渡りのマメ知識をさりげなく伝えていこうかな
なるべく敵を増やさない生き方をしてほしいもんね
あはははは
謝るときに申し訳なさそうにすると反省しているようにみえるよやってごらん
そーなのか
人とうまく共存するためにケンカもなくしていってほしいのです

メソメソ作戦

リュウ太は小さいときに「ごめんなさい」の代わりに
おかーさん大スキ
抱きついて許してもらおうとしていました
5歳
悪いと思ったらすぐに謝りなさい!!
親にひどいことを言って怒られたある日
小4
もう小4なのにやろうとして
めそっ
ちょっと待った!
大きい子はムリ!! 許してあげない
ちっ クソッ
メソメソ作戦だった!?

反省顔やってみた

お前悪いことしたと思ってないだろっ
ガミ
ガミ
反省してるとは思えないな
小6
ああもうあの顔じゃ余計怒られるわ
は? ボクが悪いのですかー? って顔してる
全然反省している顔してないよ
ナマイキそう
えっ そう 自分ではわからないよ
そうそう マユ毛もっと下げて口はへの字に
こう?
なんかちがーう
かわいそうなくらい反省顔がヘタでした……

前川先生
ADVICE

広く状況を読んだり、相手の立場にたったりするのが苦手で謝罪する意味がわかっていないのです。

子どもの気持ち●「意地悪じゃない。だから悪くない！」

◆「わざとじゃない」から謝りたくない

発達障害のある子が謝れないのは、なぜでしょう？

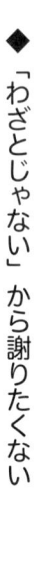

理由としてまず考えられるのは、「状況全体を見るのが苦手」という特性です。状況全体が見えていないため、相手が悲しんだり怒ったりしていても、その原因を自分の行動に結びつけられず、「わざとじゃない」から「自分は悪くない」と主張することがあるのです。

たとえば、学校の給食の時間を思い浮かべてみてください。机と机の間の狭いスペースを発達障害の子が通ろうとしています。ところが、体がぶつかって、友だちの机の上の牛乳ビンを倒してしまいました。みるみる牛乳がこぼれていきます。

こんなとき、私たちならすぐ「ごめん！」と謝るでしょう。ところが、倒した子は謝りませんでした。「わざと倒したんじゃない。机と机の間のスペースが狭かったのが悪いんだから、仕方ないじゃないか」という気持ちでいるのです。

◆原因が他にあると確信していて謝れないことも

また、ある子は友だちに借りた新品の消しゴムを半分に割ってしまいました。強く消しすぎたのが原因です。泣きべそをかく友だちの横で、割ってしまった子のほうは、

「難しい字を書かせた先生が悪い」

と言いだしました。

この子の場合は「うまく書けなくて、消さないといけなくなった」「意地悪で割ったんじゃない」と確信しているので、「ごめんなさい」と言わないのです。人のせいにしているわけではなく、「自分のせいではない」と思っているだけなのです。

◆正義感が強すぎて謝れないこともある

発達障害の子にも「善悪」や「正誤」はわかっています。むしろ、その区別を杓子定規に守ろうとして「融通がきかない」と言われることすらあります。ときには、そうしたルールに対する感覚が強すぎて、間違った自分が許せず固まってしまい、結局謝るタイミングを逃す、という場合もあります。

◆謝罪の意義が理解できていない子もいる

謝らないケースとは対照的に、なにかあると「ごめんなさい」をすぐに、機械的に口にする子もいます。そんな子にとって、謝罪は大人の叱責から解放される「魔法の言葉」になっています。

ただ、「具体的になにが悪かったか」はわかっていないため、大人から「口先だけ」などと重ねて怒られてしまうという問題があります。

◆「言葉の意味がきちんとわかっている」とは限らない

発達障害があっても、言語性の高い子がいます。こういう子は語彙が豊富で、難しい言いまわしを日常会話のなかで使ったりしますが、「当然知っているだろう」と誰もが思うような平易な単語を知らなかったり、意味や使い方を誤解していることがあります。
マンガでは、リュウ太くんが「反省」という言葉の意味を知らないことに、にゃんこ。さんが衝撃を受けていましたが、言葉が具体的な体験と結びついていないこともめずらしくないので要注意です。

親の気持ち●「謝れないのは、私の育て方のせい？」

◆発達障害がおもな原因。気に病みすぎないで

「ごめんなさい」と謝ることは失敗や間違いが起こったときに仲直りを促し、人間関係をスムーズに継続するうえで大切なコミュニケーションです。だから親としては、間違いを認め「今度は気をつける」という反省の気持ちをこめて、しっかり謝ってほしいと思うものです。
ところが、子どもはそんな親心などお構いなしで、明らかに間違っているのに「自分は悪くない」と言い張ったり、あるいは気持ちのこもらない「ごめんなさい」しか言えなかったりします。親としては「自分の育て方のせいだろうか」と思い悩むかもしれませんが、子どもがうまく謝れないのは、発達障害の特性によるところが大きいのです。

「ごめんなさい」が言えないのはなぜ？工夫とヒント

適切な行動を教えよう

強く叱責して謝らせると、そのときに感じた不安な気持ちと謝罪が結びつき、不安になるだけで謝るクセがついてしまうこともあります。大切なのは「間違わないこと」ではなく「間違いに気づけること」と、適切な行動を学ぶこと。落ち着いた声で指摘し、正しい行動を教えましょう。

▲相手が「怒ったら／悲しんでいたら謝りなさい」という説明では伝わりません。

なにが問題かを具体的にする 2

どんなときに謝罪をするか日常生活のなかで具体的に伝えます。また、「ごめんなさい」だけでなく、

- 「〜はもうしません」
- 「〜をしてすみません」

と、子どもが具体的な行動を自分で言葉にして謝れるように教えましょう。「なにが問題か」に気づくのを促すためです。

子どもの言い分を聞くことも大事 3

大人はよく「言い訳するな」と言いますが、子どもの言い分に耳を傾けるのも大事です。そうすることで、

- その子がどのように世界を見ているかを教えてもらえる
- 話すうちに、子ども自身で体験を整理できたり矛盾に気づけたりする

というようなことが期待できるからです。大人が「問題行動」の背景を探ろうとする姿勢は、常に重要です。

4 親が謝罪の見本になろう

親も生活のなかで間違うことがあります。そんなときには自ら「〜をしてごめんなさい」「〜しないように注意するね」などと謝る姿勢を見せましょう。

case5

学校でなぜいつも怒られるの？

小4の頃
いい？学校ではなるべくおとなしく過ごして目立たないようにするんだよ！
△□市 もえるゴミ
月 もえるゴミ
水 ビン・カン
木 プラスチック
金 もえるゴミ
土 もやさないゴミ
でしゃばったり騒いで目立つとケンカを売られやすくなるから気をつけてね
う〜ん
学校に行くときお母さんは毎回言ってた
ボクはべつに目立つことしてないよ
ボクが悪いことするみたいに言う
それと授業はちゃんと受けてね
いってらっしゃーい
いってくる
うーん それは約束できないよ〜

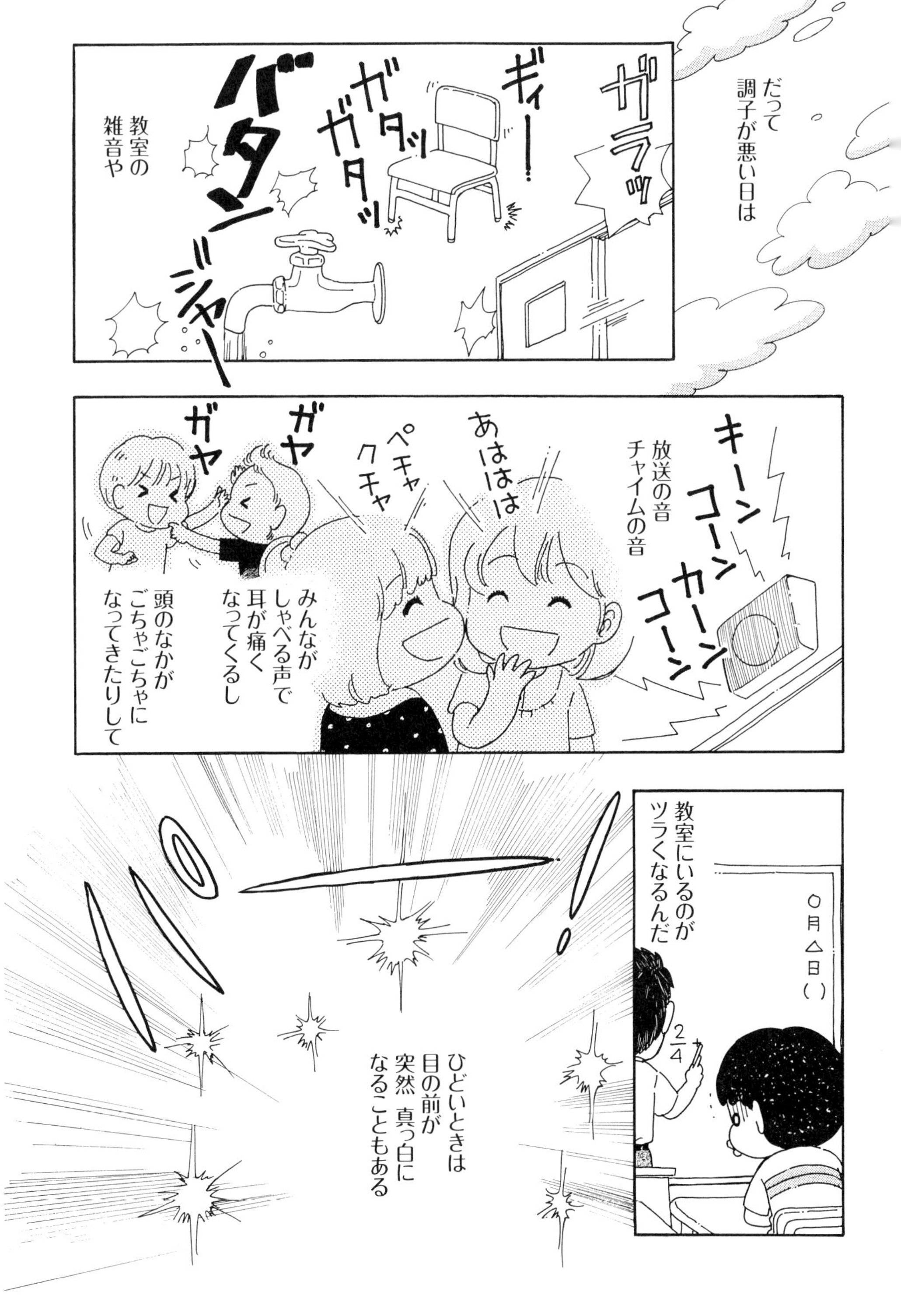
だって調子が悪い日は
ガラッ
ギィー
ガタッガタッ
バターン
ジャー
教室の雑音や
キーンコーンカーンコーン
放送の音チャイムの音
あははは
ペチャクチャ
ガヤガヤ
みんながしゃべる声で耳が痛くなってくるし
頭のなかがごちゃごちゃになってきたりして
教室にいるのがツラくなるんだ
○月△日( )
2/4
パー!
ひどいときは目の前が突然 真っ白になることもある

こうなると倒れそうになるから
ヤバイ…ここにいたらダメだ
ガタッ
お気に入りの場所に避難する
ホッ
落ち着く〜
リュウ太 そこで ちゃんと聞いておきなさい
うん
先生は廊下で授業を受けるのを許してくれてたんだ
変な子だって思われて目立つから廊下で寝ないでっ
お母さんはイヤがるけどね
床が冷たくて気持ちいい
ボクはここが大好き
体が動かせて楽!
一人になれる

みんな教室なんかでよく勉強できるよな～
ぼー
40人近い人間が狭い場所に押し込まれてる
そこで6時間以上過ごさなくちゃいけないなんて地獄だよ
光
音
気温
教室はいろいろなことをガマンしなくちゃいけないからとてもイライラする
姿勢
勉強
うまくクールダウンできない日は
イライラが一気に爆発することがあって
ゴゴゴゴゴ

クラスメイトの干渉がとても許せなくなるんだ
ワー
ワー
ほっといてくれよ 人のやることに文句言ってくるなよ ムカつくんだよっ どっか行けよ
バカッ
うるせー バカはお前だ
んだ こらぁ
ブーンッ
わーーー
リュウ太 やめろ 投げるな
うっ ヤベー
投げるつもりはなかったんだ コレは威嚇《いかく》なんだよ
コラッ 危ないじゃないかっ
やめなさいっ

ボクが悪いんじゃない
ケンカをしかけてきたのあっちなんだよっ
ワー
ワー
だとしてもやりすぎだっ
イスを振り回したことでもうなにを言っても完全にボクが悪者
ボクは本を読んでいただけなのに
大スキな「ホラーバス」
人が読んでる本を悪く言ってちょっかいを出してくるから
なにその本ホラー？キモイ
キモイ本読むヤツキモ〜
カチン
ムカついてムカついて
そういう文句言ってくるお前のほうがキモイんだよっ
お前がしてることは悪い行為だって言い返しただけだ
どうした？
なになに
それのなにがいけないんだ？
うるさいなー
どうしたの？

二度とちょっかい出してこないように後悔させないと
ボクの安らかな学校生活はまわりの人に奪われるんだよ
自分を守るために一所懸命戦うことがいけないのか!?
まず落ち着けっ
なんでぼくだけが怒られるんだよ
アイツがいけないのにこんなのおかしい
イヤな思いをしてるのはこっちなのに
全然わかってもらえなかった
こんなことがたくさんあって
先生に説明しても理解してもらえないし
なにをしても怒られるならもういいやって

怒られてもいいから
自分のやり方で自分を守ることにしたんだよ
ケンカ売ってきたヤツ倍に返してやるぞ
一番傷つくこと言ってやるからな！
小学校の頃からこんなふうに考えていたんだって
10年後に話す日がやってくるとは思わなかったけど
リュウ太の学校生活がそんなに大変だったなんて思わなかったよ
あの頃に気がつかなくてゴメン……
もうべつにいいけどね
しつこくちょっかい出されるのってイジメのレベルだと思うけど
やり返せちゃうとイジメ扱いされないものね

ほんと
毎日 誰かに
干渉されて
うざかったよ
まぁ 今でも
学校では
ちょくちょく
あるけどな
自動車整備士の
学校に通学中
オレって
勉強もスポーツも
できないし
得意なことが
なにもないから
ギロッ
小・中は
ケンカだけは
負けたくないって
思ってたよ
それくらいしか
人に勝るものが
ないから
イヤなことがあっても
絶対学校には
行こうと考えてた
ツラくて休んだら
それは
負けたことに
なるから
「負けねー」って
頑張ってたけど
学校休めたら
いいなって
よく思ってたよ
今の小学生には
イヤなら
休んじゃえって
言うな

学校行きたくなーい
イラ イラ
いろいろツライことだらけだったね
落ち着いて勉強できる環境じゃないよね
学校に無理に行かなくてもよかったかもね
今も悩むくらいイヤなことあるなら学校やめてもいいんだよ
体調がいいうちは行くよ
今さらなんだけどさ少人数とかで静かな教室で
干渉されないクラスならイライラしないですんだかもって思うよ
そうだねストレスの少ない場所なら穏やかになれるかもね
バイト先はいい人ばかりだから
楽しくやってるよ
大きくなってわかったことだけどイヤなことがあっても
話を聞いてもらったりほめてもらえるともう少しやれるって思えるもんだね

前川先生
ADVICE

学校生活で苦痛を感じ混乱しているのです。「加害者」扱いされることも「被害者」になるケースもあるので注意！

子どもの気持ち●「誰もわかってくれない。学校はつらいだけ！」

◆不適切な行動には、その子なりの理由がある

発達障害の子どもは、「悪意」からトラブルを起こしているわけではありません。想像力が偏っていたり、自分の視点にこだわって世界を見てしまうため、他者の立場にたてず、不適切な行動をしてしまうのです。

リュウ太くんの場合は粗暴な行為が問題になってしまいましたが、他にも、状況によって話していいことと悪いことの区別をつけられず、他者を傷つけてしまうことがあります。

たとえば、テレビのお笑い番組でよく使われる「ハゲ」「デブ」といった言葉をクラスの子

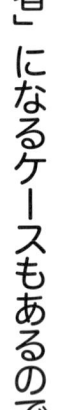

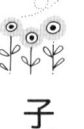

に言い、「いじめだ」と怒られた子もいました。

本人は、笑いをとりたいだけだったり、ありのままに言ったりしただけなので、悪いことをしたと感じていません。ですが、周囲の人からは他人を傷つけているようにしか見えないので、「いじめている」とみなされて怒られてしまうのです。

彼らには彼らなりの「行動の理由」がありますが、周囲がそれをわかってくれず、ただ怒られてばかりいるという体験が積み重なっていくことになります。すると子どもが、「みんなから嫌われている」「ぼくがいると迷惑なんだ」と苦しんだり、「自分ばかり」と被害感を募らせて、教師やクラスメイトの態度のほうを「いじめだ」と訴えることがあります。

◆感覚刺激が多すぎて疲労すると不安定になる

さらに、彼らには「調子が悪い日」や「調子が悪くなる場所」があります。

子どもによって様々ですが、たとえば「台風が近づいている時期」「満月の夜」「両親がケンカした日」「湿度や温度が高い日」「感覚刺激の多い場所（雑踏、音が響く場所、蛍光灯がまぶしい部屋、壁に掲示物が多数貼られている場所など）」では「特に聞きわけが悪くなる」「集中できない」「イライラする」ということが起こります。

ここに先ほど指摘した被害感が加わった結果、自分を守ろうとしてリュウ太くんのようにイスを振り上げるなどの「闘う」行為に出ることがあります。

◆被害者になっているのに本人が気づかないことも

発達障害の子は、「一緒に遊ぼう」と誘われて使い走りをさせられたり、お金をせびられていても、本人は「いじめられている」と気づかず、「友だちとして遊んでいる」だけだと思い込んでいることがあります。この場合は、他者の悪意に考えが及んでいません。

このため、本人より先に周囲の子が大人に相談して、「いじめ」が発覚することがあります。ところが日本のいじめの定義では、「いじめられている」側が精神的苦痛を訴えているかどうかが重要となるため、事実を知っても「本人が苦痛を訴えていないから、いじめとはいえない」と考える教員がいます。

◆不登校は、自分を守るための最終手段

このように、発達障害のある子は「加害者」にも「被害者」にもなりやすく、学校生活がストレスになっていることがあります。

しかし、学校というものが日々の習慣の一部になっていて「行かないといけないところ」だと思い込んでいると、「休んでいいよ」と言われても、休むことができません。「不登校にな

る」のは、「もう自分を守れない」というぎりぎりのところでの決断だったりします。

親の気持ち●「私がいけないのかしら……？」

◆将来が不安になってしまう

発達障害のある子は「手加減」が苦手で、興奮するとエスカレートしてしまうことがあるので、親としては「この子は将来、事件を起こさないか」と心配になります。「自分の育て方がよくなかったのか」と自信をなくす親もいますが、穏やかに接しても暴力的な言動を見せる子はいます。

◆子どもが被害者でも、なかなか冷静には対応できない

逆に、いじめられたり嫌がらせを受けていたりする様子を聞くのも親としてはつらいものです。学校に苦情を言いたくもなりますし、子どもに「しっかりして」とあたってしまうこともあるでしょう。子どもへの熱い思いからくる態度ですが、「『モンスターペアレント』と思われたかも」とか「子どもを余計に傷つけたのでは」と自分を責めることもあるはずです。

学校でなぜいつも怒られるの？

工夫とヒント

学校と力を合わせよう

学校で怒られることが多いのは、そこにストレスの原因があるからかもしれません。学校の集団生活から学べることが多いのは事実ですが、感覚刺激が多すぎる空間に、子どもを無理に慣れさせようとしてはいけません。

まずは大人が「彼らは疲弊しやすいのだ」と理解します。そして学校と話し合いながら、校内で安心して過ごせる場所や時間を作りましょう。

道具を利用して子どもの負担を軽減 2

イラストのような物や道具を導入することで子どもの負担が軽減され、落ち着いて生活できるようになることがあります。

「不安な環境でも自分でコントロールできる」という感覚は自信につながります。

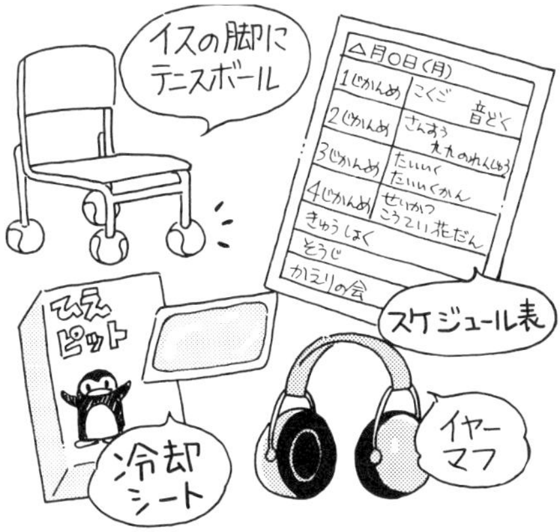
イスの脚にテニスボール
△月○日(月)
1じかんめ こくご 音どく
2じかんめ さんすう 九九のれんしゅう
3じかんめ たいいく たいいくかん
4じかんめ せいかつ こうていい花だん
きゅうしょく
そうじ
かえりの会
スケジュール表
ひえピット
冷却シート
イヤーマフ

▲テニスボールを脚につけるとイスを引いたとき出る音を軽減できます。

肯定文で具体化しよう！ 3

行動を「ダメ！」と否定するだけでは子どもが混乱します。社会のなかで「してほしい行動」を具体的に肯定文で伝えましょう。

暴力など危険行為がある場合は、まずその行動を止め、興奮が落ち着いてから、イラストのように「してほしい行動」を伝えます。

怒って暴れだしたくなったらその場からいったん離れましょう！
そして先生に教えてね
NG
怒っちゃダメでしょう！

▲「してほしい行動」を教えるだけのほうが伝わる子もいます。

4 「頑張っていること」「困っていること」を理解する

「学校に行きたくない」と言う子には、「頑張れ」でなく、「頑張っていたね」と声をかけましょう。子どもがつらい気持ちを話したら、助言より「そんなふうに困っていたのね」と気持ちを受け止めることが大切です。「本人も困っている」という視点を忘れないでください。

人の気持ち、わかるかな？ case6

コラー
「はいゲーム」じゃないっつーの！
なんだよ~急に怒ってなに？
そこは「長い間借りたままでごめんね」って言わないと
え？そう
本来ならリュウ太が返しに行くべきなのに谷口くんが取りにきてくれたんだよ
なにか一言ないと失礼でしょうよ
う~ん
そうなの？
「ごめんね」とか「ありがとう」とか言ってもらえないと谷口くんだってイヤな気持ちになると思うよ
大丈夫だよべつに怒ってなかったし
谷口はいつもあんまり怒らないんだ
そうじゃない！

わざわざきてくれたことへのお礼を一言添えるべきですよ！って言ってるの
そんなのなんて言ったらいいのかわからないよ
じゃあ覚えておいてねっ こういうときは「長いあいだありがとう」とか「すぐ返さなくてゴメン ゲーム面白かったよ」とか「きてもらっちゃってゴメンね」などと言いま——す
え〜
それ覚えていられるか自信ない
う〜ん だよね……
こういう言葉はね いつも人の気持ちを考えるようにしてると自然に出てくるんだけどな〜
え〜ムリ…… 人の気持ちなんて考えられないよ
なに言ってんの
リュウ太には相手をいたわる気持ちが欠けてる

人への想像力が足りないのかな!?
もういい？・ゲームやりたいから
人にあまり興味がないから心を通わせることを必要としてないのかな？
素直に話を聞いてくれない年齢になったし
こういうことってどう教えていったらいいのかな？
そういえば！
この前取材で出会った高校の先生が言ってたっけ
今の子はメールやネットの影響でドラマを見ることが少なくなっています
そのせいか人の気持ちに気づきにくくなっています
特別支援学校の教員経験がある先生

ドラマはいろいろな立場の人物が出てきてそれぞれが違う感情を持って生きています
人とぶつかったり支え合ったりするドラマを子どもに見せるのはいいと思います
ドラマを見て夜更かししても多少は許してあげましょう
うん！ドラマや映画がいいかも！
楽しみながら人に興味を持ってもらえるかもね
リュウ太今夜から一緒にドラマを見ようか
DVD
タイムトラベラー
エイジ
Vol.1

若い人向けの青春SFドラマだから面白いよ！
うんいいよ見たい！
わかりにくい表現や難しいセリフはお母さんが教えてあげるから
塾のない日に1話ずつ見ようょ
うん
その日から週3回1話ずついろいろなドラマを見ることにしました
ねぇ この人悪い人なの？
友だちのためにわざと厳しく言ってるのよ
ねぇ なんでヒドイことされてるのにあの人怒らないの？
ああコレはね
ハハハ
……！

本当はすごくイヤなんだけど強い相手に勝てないからあきらめてるポーズなんだよ
ふーん
セリフのない表情としぐさで表現されてる場面はわかりにくいんだな
リュウ太からの質問が多いから私はゆっくり見られないけど
この曲好き
質問してくるってことはドラマの人物に興味を持ってるってことだよね!?
アメリカの高校生の合唱部のドラマが特にお気に入り
リアル世界はドラマのようにうまくはいかないけど悲哀とか慈愛とか恩義とかグッとくるものを感じてほしいな

リュウ太
中2の夏
このお父さんはね
娘が彼氏と
デートに行くのを
よく思ってないって
顔なのよ
相変わらず
母解説を
続けていたら

大丈夫
そのくらいは
わかるから

あら そぉ
人の気持ち
わかるように
なったのかな？

表情や声色から
感情を読み取れるように
なったのかも!? と
期待したのですが

ちょっと違うようです

どうも
20歳の
リュウ太です
くるっ

この頃は
ドラマを見て
人の感情のパターンを
覚えていたんだ
この前は
悪かったよ
なにも知らなくて
言いすぎた ごめん
へ〜
こういうときは
こう言うのか
言葉の種類や
言い回しを
覚えたりしていたよ
アツイな
コイツら
怒ってるけど
相手のことを
心配して言う
パターン
なんだな
バカヤロー
そんな大事な
ことを
だまってたのかよっ
言えるわけ
ないだろ……
こう思ったり
わざと
面白おかしく
言ったり
遠回しにわかりにくく
言ったり
ストレートに
言わない
伝え方があるんだな！
こんなことにも
気がついた
友だちとの
約束を
忘れたとき
ゴメン
うっかりしてた
今度埋め合わせ
するから
知らない人に
道を教えて
もらったら
ありがとう
ございます
助かります
ドラマに出てきた
セリフで
自分が使えそうな
言葉を
パターンとして
覚えていった感じかな
こういうときは
こう言う
こんなときは
こう！
心のノート

そのときどきに必要な言葉が言えなかったのは
言葉を知らなくて言えなかったこともあるし
はい ゲーム
あ・うん
そういう会話が必要だと知らなかったんだよね
小学校の頃から毎日自分のことで精一杯だったから
あーもう わかんない
イライライラ
気遣いをしたり人の気持ちを考える余裕がなかったんだよね……
中学・高校でも男同士は悩み相談をすることがなかったから
友だちがどう思ってるかさっぱり読めなかったな～
ギャハハハハ
ぶはっ
笑える
ソレバカすぎるだろ
ふざけた話しかしない
相手の身になって考えるようになったのは
たぶんアルバイトをするようになってからだったと思う
コーラ
コーラ
高2のとき
スーパーマーケットの
品出しのアルバイト

来週 人が いないんだけど 出てくれる？
店長スゴイ 困ってるんだな
いいですよ 水曜以外なら 出られますよ！
スーパー エスカルゴ
実際には 困ってる・悲しい・悩んでるって ハッキリわかる人だけにしか できないけれど
学校以外の場所で 知り合った人と つながって
高2 初デート
自分を必要として くれたり 好意的に 思ってくれる人たちと 出会って
友だちを 怒らせた なにがいけなかった？・
イヤな思いを させないような 言い方しなきゃって 考えはじめた 気がする
友
リュウ太は どちらかというと 学校以外の場所で 出会った人の影響で 変わってきたのかな？
うん そうかも

小・中学校のときは
仲のいいヤツ以外は
みんな敵だったから
オレに敵意を
向ける人間のなかじゃ
人に優しくしよう
なんて思えなかった
心が育つのって
やっぱり人や環境に
よるんだね〜
人の気持ち？
わかるわけ
ないじゃん
リュウ太は
人をいたわる気持ちが
ないんじゃなくて
心の成長が
遅かっただけなの
かもしれない
助け合ったり
励まし合ったり
いい経験を積める
場所に
どんどん出て行って
いろいろな人に
出会ってほしいなって
思います

前川先生
ADVICE

彼らは「薄情」なわけではありません。
「気持ちの読み取り」が苦手で
時間がかかっているのです。

子どもの気持ち●「目に見えないからわからないよ!」

◆目に見えないものは「ない」のと同じ

発達障害の子は「目に見えないもの」の理解が難しいという特性があります。気持ちはそもそも見えるものではないため、彼らにはわかりにくいのです。

私たちは相手の表情から気持ちを読み取っていますが、発達障害のある子から見ると、顔には目、鼻、口、頬、およびそれらの動きなど、たくさんの情報がありすぎて、「どのあたりを見ればいいのか」がわかりません。学習するのにも時間がかかります。

さらに、顔は話している最中、頻繁に動きますが、発達障害の子はその顔の動きを見ていると疲れてしまいます。だから見ないようにする場合も多いのですが、それがまわりの人から「目を合わさない」「横を向いて話すなんて失礼」と言われる原因となっています。

◆文脈を見落とすので周囲とかみ合わない場合も

また、彼らはしばしば文脈を見落とすので「空気が読めない」と言われてしまいます。たとえば、ペットの犬が死んで悲しんでいる友だちを慰めようとしている集団のなかで、「えっ、犬？　うちもいるよ。すっごくかわいいんだよ……」などと話しはじめて周囲の顰蹙《ひんしゅく》を買ってしまうことがあります。

◆自分の気持ちに気づけていない子もいる

他人の気持ちだけでなく、自分の気持ちも理解できていないことがあります。たとえば、親が「不満そうな顔しているね」と言ったら、「そう？　鏡がないからわからない」と答えた子がいました。

私たちは、自分の顔を見なくても自分の気持ちはわかっています。ところが、彼らにとっては自分の気持ちであっても「見えないもの」なので理解しがたく、他者の指摘で気づかされることがあるようです。

◆同時に異なる気持ちを抱くと混乱してしまう

「服をプレゼントされて嬉しいけど、好みの色ではなかったからちょっと残念」などと思ったことはないでしょうか。私たちはそんなふうに、異なる気持ちを同時に、複数抱くことがあります。

発達障害のある子は、そうした相異なる気持ちを同時に抱えると混乱してしまいます。だからたとえば、本当は嬉しい気持ちもあるのに、癇癪《かんしゃく》を起こしてしまう、といったことがあります。

親の気持ち●「この子は人とうまくやっていけるのかしら……」

◆他者の気持ちを理解する重要さを教えたい

にゃんこ。さんのように、子どもの様子を見て「人への想像力が足りないのかな」と不安になる親は少なくありません。気持ちの理解は、この社会でうまくやっていくうえで不可欠なことだと親は知っているからです。しかし、気持ちをどう教えるかと考えると、はたと困ってしまいます。
発達障害がある子でも、成長とともに、気持ちの理解は少しずつできるようになります。実際、好きな人や信頼している人の気持ちなら理解できている、と感じられる場面が見られるようにもなります。彼らなりに、人の気持ちを理解するためのコツを見つけ出したのでしょう。
それでも、決して完璧とはいえませんし、気持ちの理由や背景への理解が独特で独りよがりなところもあるので、親として完全には安心できませんが、彼らとしては努力はしているのです。

◆親自身、子どもの気持ちがよくわからないことも

発達障害のある子どもは、表情が乏しかったり、ぎこちなかったり、自分の気持ちをうまく言語化できなかったりします。
また、表現できていたとしても、それが独特なこともあるため、「我が子の気持ちがわからない」と困る親や、子どもの気持ちを誤解して、かえって気持ちを傷つけてしまい、落ち込む親もいます。気持ちをわかってあげられないのは親としてつらいものですが、親が悪いわけではありません。発達障害の特性によるところが大きいのです、

人の気持ち、わかるかな？ 工夫とヒント

ゲーム感覚で一緒に学ぼう

他人の気持ちは、ある程度は表情からわかります。市販の表情図などを使って表情の特徴を教えるとともに、上のように、目に留まりにくい「態度・姿勢」が、特定の気持ちや思いと関連することを学んでもらいましょう。

アニメやマンガも活用しよう 2

case6に出てきたドラマの他、アニメやマンガも有効です。ドラマ以上に予測しやすい「お決まりのやり取り」が登場するので、想定外のことに不安を感じやすい彼らも安心して楽しめるのです。

注意が偏ったり話を誤解したりしないよう、親がときどきさらりと解説しましょう。

「教えてもらう技術」を子どもに伝える 3

イラストのように、相手に気持ちを尋ねてもいいのだと子どもに教えましょう。

「ちゃんとわかりたい」という思いや態度は、人間関係において大切なことなのだと知ってもらうのです。

4 自分の気持ちに関心を向けてもらおう

自分の気持ちに気づけていない子には、まずそちらに目を向けてもらいましょう。周囲の大人が、子ども自身の気持ちを「悲しくなったよね」「悔しかったんだ」「イライラしたよね」などと本人に向けて言語化してあげるといいでしょう。

case7

なぜ勉強を頑張ってくれないの？

まっしろ
うわっ
なんだこの点数は!?
ノートもドリルも真っ白!!
ドリル
国語6
熟語20
リュウ太授業中なにしてるのよ～
ぶる ぶる
こんなんじゃ中学行ったときに本格的に落ちこぼれるわ
――って もう 落ちこぼれてるか
ははは……
くしゃ
リュウ太 小6
高学年になって廊下で寝ころがって授業を聞くことはなくなつたものの

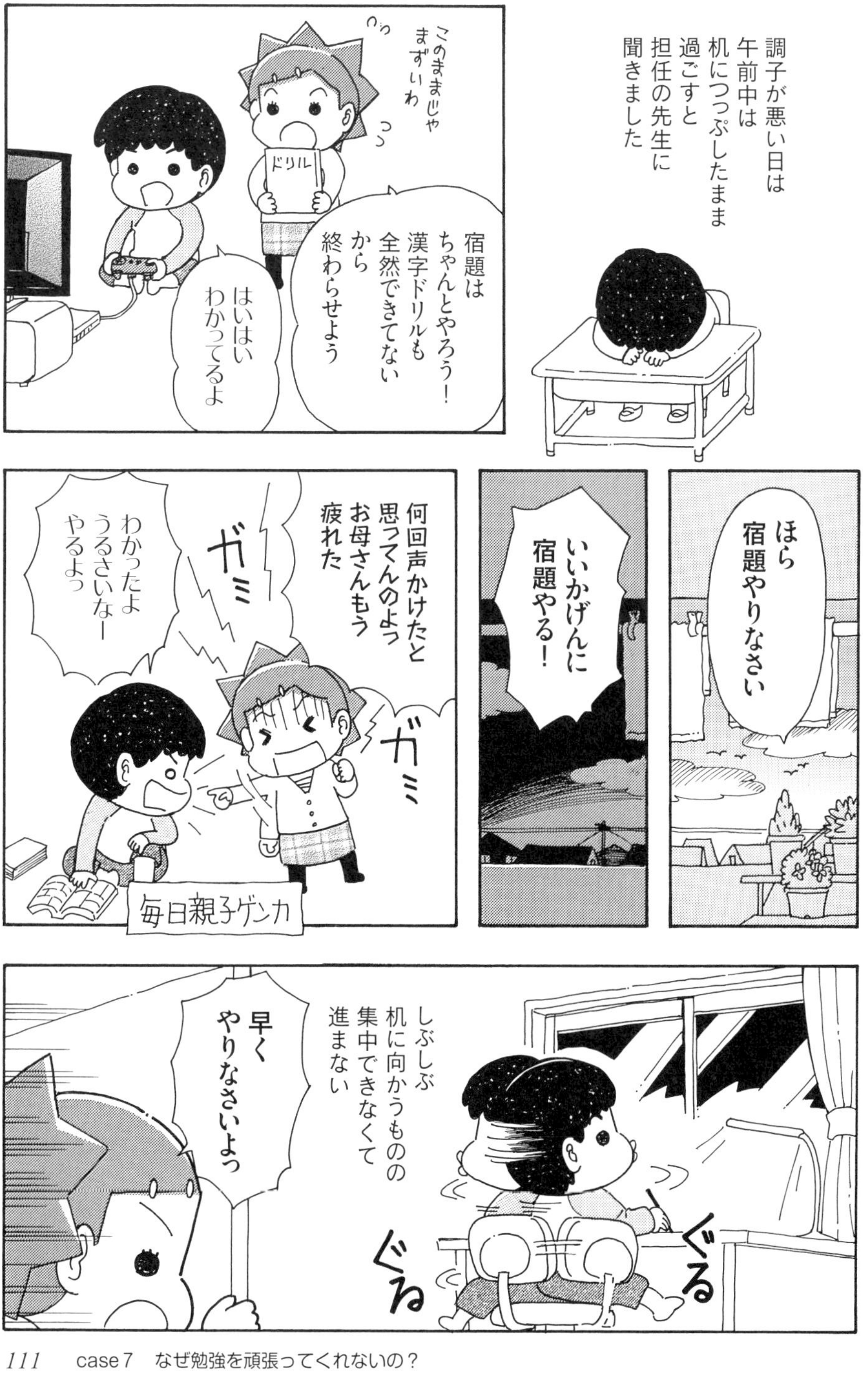
調子が悪い日は
午前中は
机につっぷしたまま
過ごすと
担任の先生に
聞きました
宿題は ちゃんとやろう! 漢字ドリルも 全然できてない から 終わらせよう
このままじゃ まずいわ
ドリル
はいはい わかってるよ
ほら 宿題やりなさい
いいかげんに 宿題やる!
何回声かけたと 思ってんのよっ お母さんもう 疲れた
ガミ
ガミ
わかったよ うるさいなー やるよっ
毎日親子ゲンカ
しぶしぶ 机に向かうものの 集中できなくて 進まない
早く やりなさいよっ
ぐる
ぐね

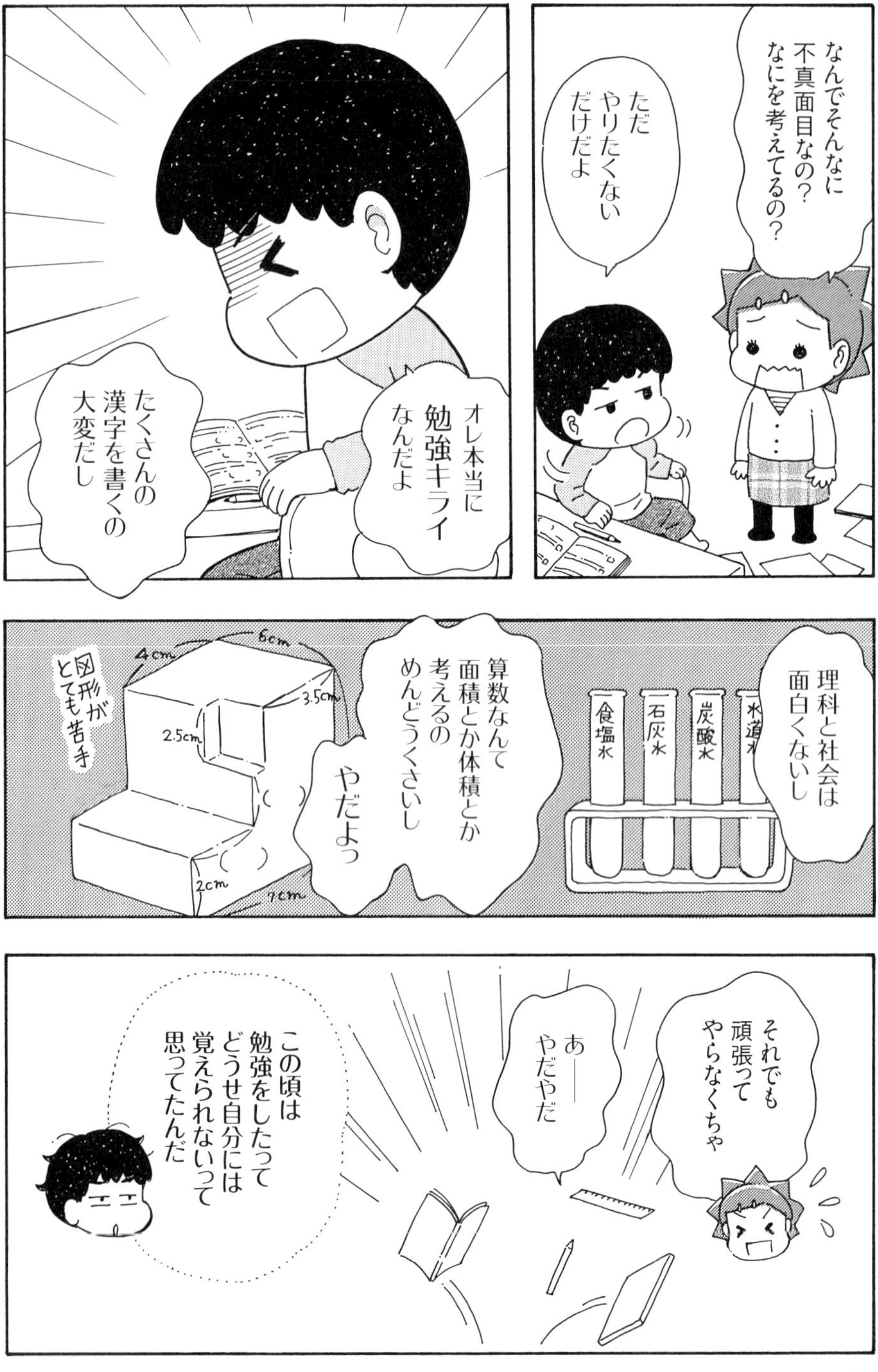
なんでそんなに不真面目なの？なにを考えてるの？
ただやりたくないだけだよ
オレ本当に勉強キライなんだよ
たくさんの漢字を書くの大変だし
理科と社会は面白くないし
水道
炭酸水
石灰水
食塩水
算数なんて面積とか体積とか考えるのめんどうくさいし
やだよっ
6cm
4cm
3.5cm
2.5cm
2cm
7cm
図形がとても苦手
それでも頑張ってやらなくちゃ
あ——やだやだ
この頃は勉強をしたってどうせ自分には覚えられないって思ってたんだ

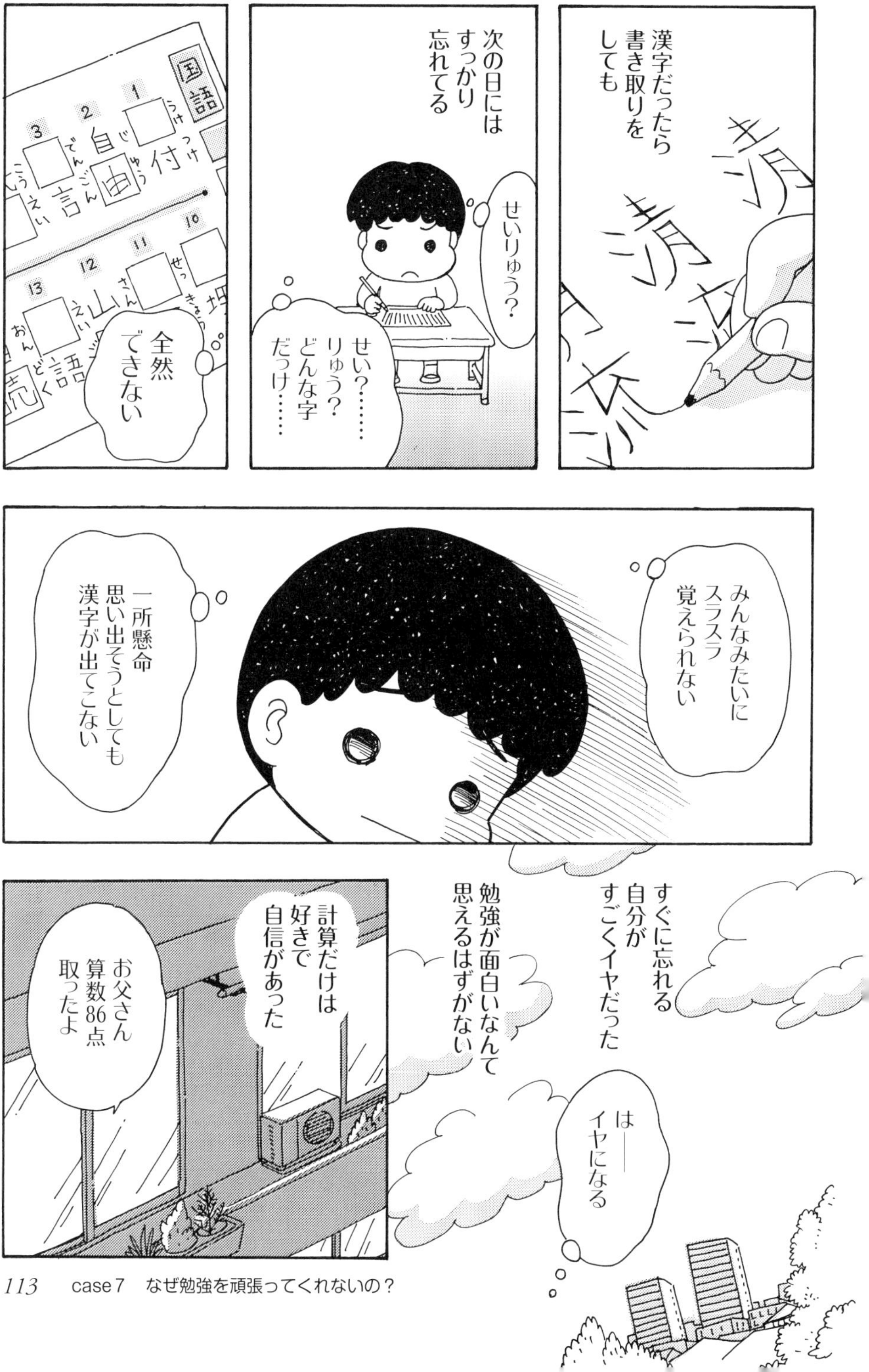
漢字だったら書き取りをしても
次の日にはすっかり忘れてる
せいりゅう？
せい？…… りゅう？ どんな字だっけ……
全然できない
みんなみたいにスラスラ覚えられない
一所懸命思い出そうとしても漢字が出てこない
すぐに忘れる自分がすごくイヤだった
勉強が面白いなんて思えるはずがない
は―― イヤになる
計算だけは好きで自信があった
お父さん算数86点取ったよ

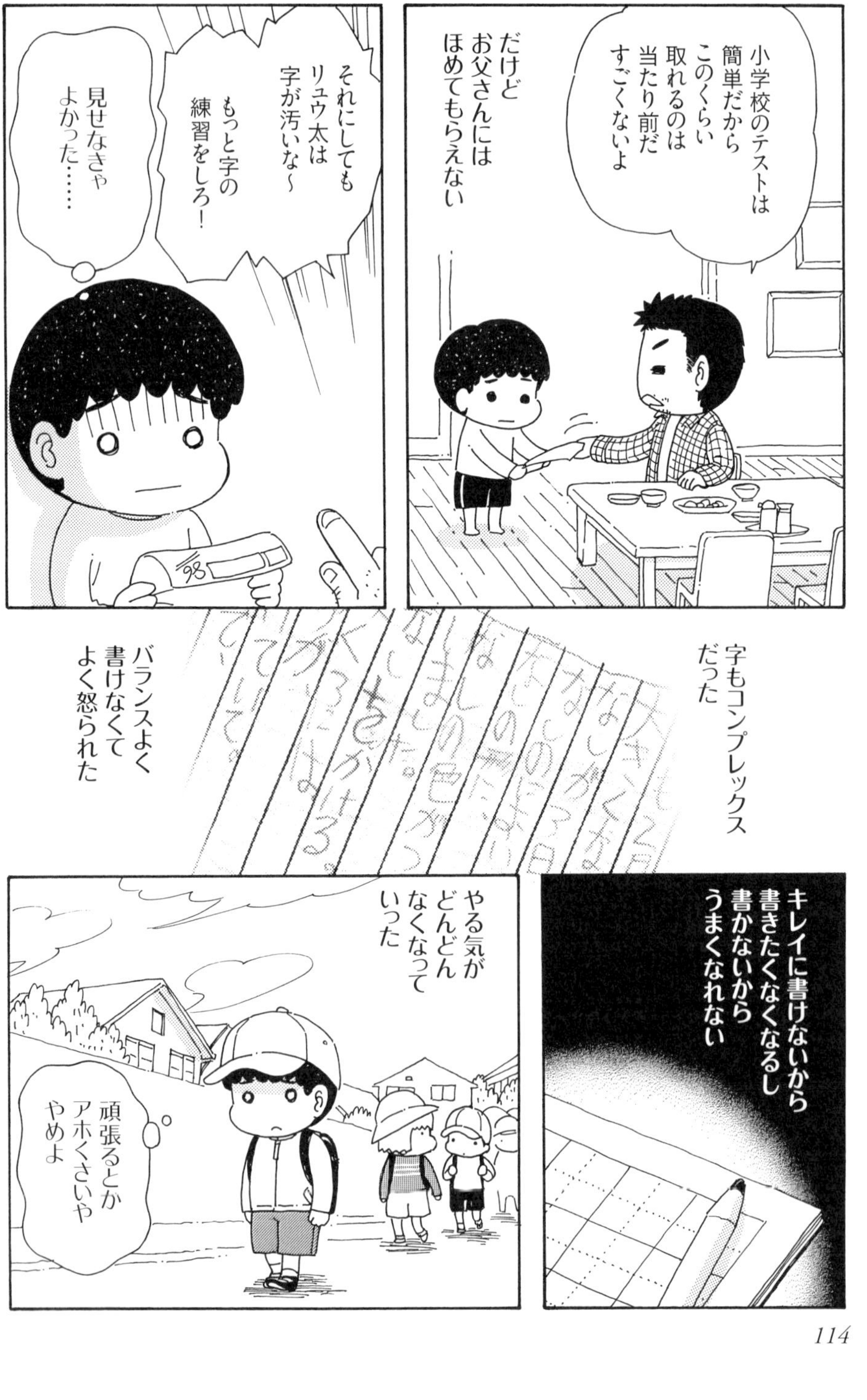
小学校のテストは簡単だからこのくらい取れるのは当たり前だすごくないよ
だけどお父さんにはほめてもらえない
それにしてもリュウ太は字が汚いな～
もっと字の練習をしろ！
見せなきゃよかった……
字もコンプレックスだった
バランスよく書けなくてよく怒られた
キレイに書けないから書きたくなくなるし書かないからうまくなれない
やる気がどんどんなくなっていった
頑張るとかアホくさいややめよ

それだけじゃなくて
イヤなことが重なってくると勉強どころじゃなくなってくるんだ
ワー
ワー
毎日のように学校でイヤなことがあったからそっちの悩みが重くて
まずイライラした気持ちや落ち込んだ気分をリセットしなくちゃ
勉強モードになれないんだよ！
だから宿題をやるよりも先にゲームをやってストレス発散したかった
だけどイヤなことを一時的に忘れるだけでゲームをやめたらまたイヤな気分が戻ってくるんだけどね

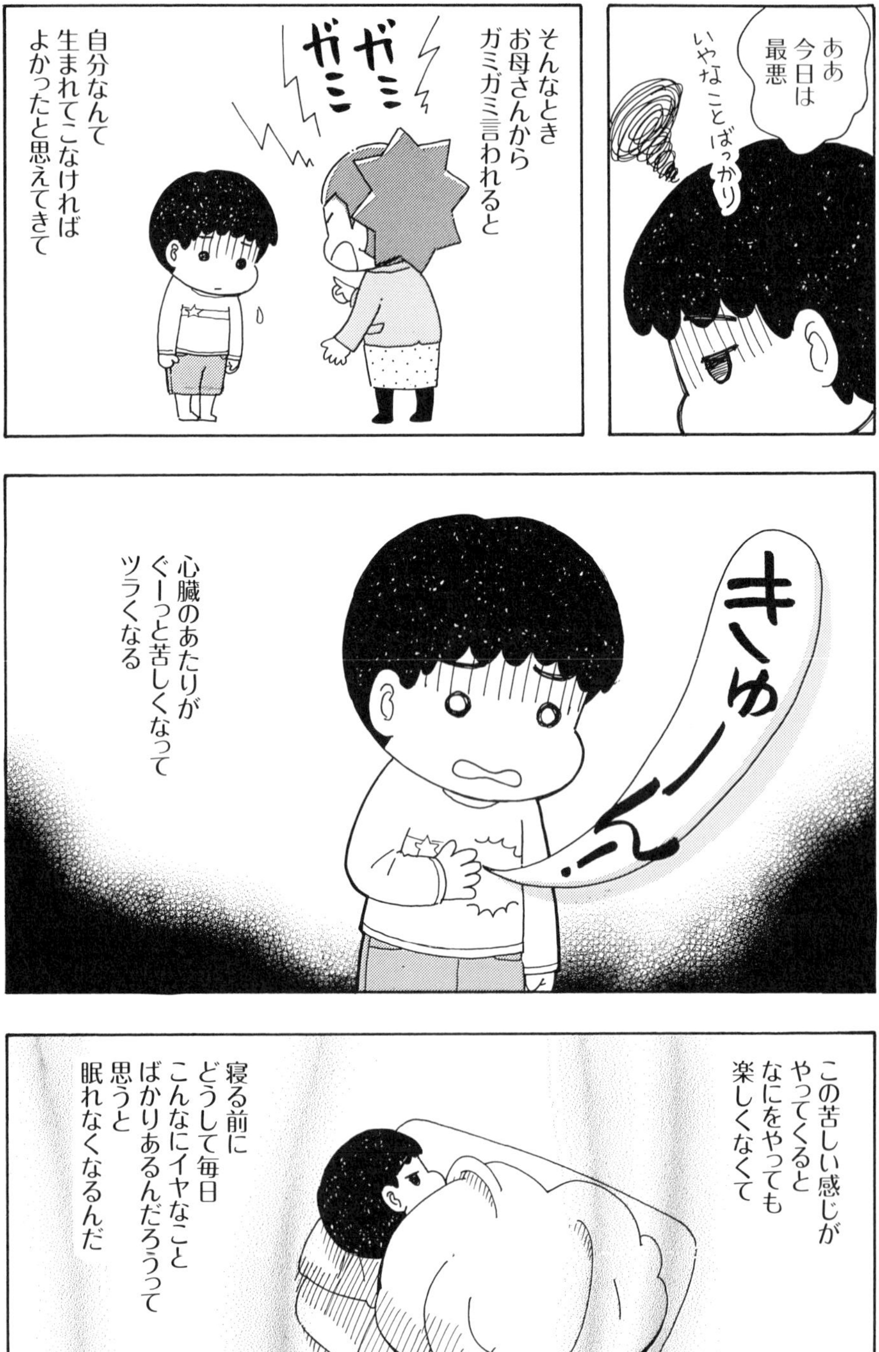
ああ
今日は
最悪
いやなことばっかり
そんなとき
お母さんから
ガミガミ言われると
ガミ
ガミ
自分なんて
生まれてこなければ
よかったと思えてきて
きゅーん…
心臓のあたりが
ぐーっと苦しくなって
ツラくなる
この苦しい感じが
やってくると
なにをやっても
楽しくなくて
寝る前に
どうして毎日
こんなにイヤなこと
ばかりあるんだろうって
思うと
眠れなくなるんだ

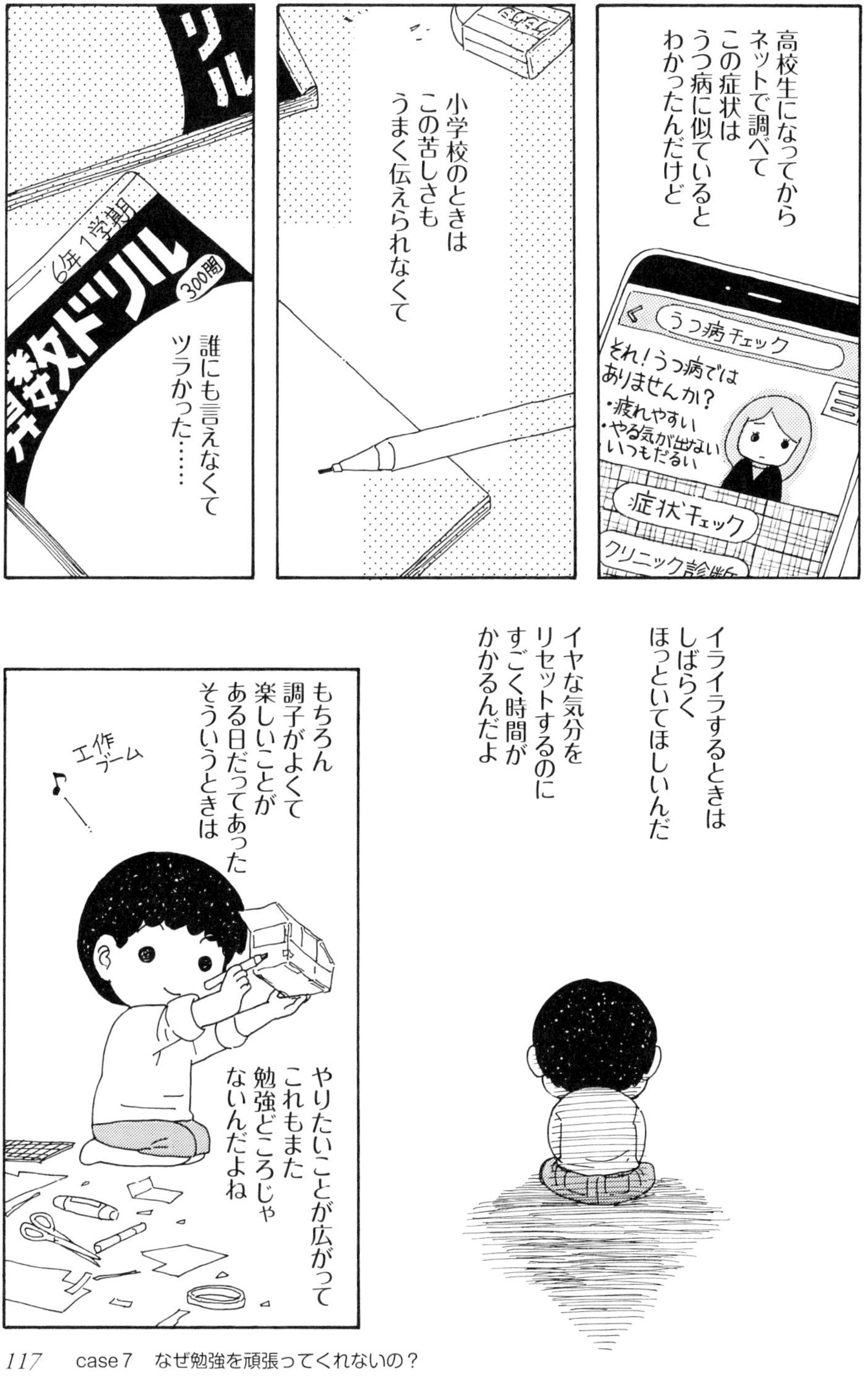
高校生になってから
ネットで調べて
この症状は
うつ病に似ていると
わかったんだけど
うつ病チェック
それ！うつ病ではありませんか？
・疲れやすい
・やる気が出ない
いつもだるい
症状チェック
クリニック診断
小学校のときは
この苦しさも
うまく伝えられなくて
6年1学期
数ドリル
300問
誰にも言えなくて
ツラかった……
イライラするときは
しばらく
ほっといてほしいんだ
イヤな気分を
リセットするのに
すごく時間が
かかるんだよ
もちろん
調子がよくて
楽しいことが
ある日だってあった
そういうときは
工作ブーム
♪
やりたいことが広がって
これもまた
勉強どころじゃ
ないんだよね

どんなに頑張ったってオレが頭のいいヤツに勝てるわけないしのんびりやろう
中学でもこんな感じで
車の整備士になりたい!
整備士の専修学校に入学するまで「本気」がなんなのかわからなかったんだよね
中3
願書
専修学校を受験した話はこちらに収録しています
うちの子はADHD
専修学校2年目でやっとスイッチが入ったよ
ヤベェ
高2★
マジで勉強しねーと死ぬ!!!

★高卒資格も取得できる学校なので、本書ではわかりやすく高1、高2……としています

ブツブツブツ
それは赤点取ったら留年と追い込まれたときだった
やりたくて目指した学校でも成績ギリギリってどーよ
でもまあ真剣に勉強してくれて嬉しいわ
明日雪降るかも
読み上げて覚えよう
ブツブツブツブツ
オレは崖っぷちに立たされて
ひー
留年沼
ゴポッ
ゴポッ
本気でやらなきゃ終わる!!
ガッ
ダメなヤツだけどダメなりに一所懸命勉強するしかないんだって思ったよ

赤点回避でなんとかなった後に自分の特性に気がついた
オレは正解を間違って覚えてないか不安になることがあるな！
この不安は中学の頃から消えないな
不安にならないように覚えたことが本当に合ってるのか確認して時間がかかってる
人よりやらないとダメなのかも
やってもムダだ
小さいときからちゃんとやっとけばよかったな～
後悔しても遅いけどさ
そうだ夏休みになったら自動車教習所に通おう
運転免許の勉強もやればできるかも！
こうしてやっと人並み(!?)に勉強する意識が芽生えたのでした
遅っ

笑いのツボ！

高1
ドラマの影響で
ドラマ名言集や
小ネタ集を見るのが
趣味となった
ぶはっ
ぎゃひひひひ
ひー ひー
お母さんも
コレ見てくれよ
マジ
笑える
ぎゃひひ
ひひっ
今忙しいのに〜
夢中で
読んでいる
ぎゃははは
毎日
楽しそうね
夜中3時
ひ〜〜ひっひっ
ひ〜〜
押しころした
笑い声は
まるで妖怪……
ハッ
まだ
起きてる

GPS

20歳
サイフなくした
オレって
どうして
なくして
ばかり…
サイフ用の
GPS
売ってるって
しゃーないよ
リョウ太だもん
アプリで
サイフを
捜せるから
便利だよ！
うすうすGPS
それに頼ったら
本当に
ダメなヤツに
なる気がする……
まだオレ
そこまでじゃないって
思いたい
もう頼る
レベルだって
気がつけ
サイフ
きっともうすぐ
出てくると
思うしー

前川先生
ADVICE

勉強を「怠けている」とは限りません。力を発揮できない原因があるのかも。環境や学習方法などを見直しましょう。

子どもの気持ち●「努力してるのに、なんでうまくいかないの?」

◆嫌いな科目の情報は「処理できない刺激」に

なぜリュウ太くんのような「授業に集中できない子」がいるのでしょう? 一つの原因として、科目の好き嫌いがあげられます。case1でふれましたが、そもそも好きかそうでないかで、興味の示し方が極端に違ってくる子たちなのです。

個人差はありますが、発達障害の子の多くは「答えが一つではない科目」「抽象度の高い科目」を苦手としています。そんな苦手な科目の場合、教員やクラスメイトが教えてくれる内容は、彼らにとっては「処理できない刺激」になってしまい、集中できません。

◆環境や特性のためにうまく学習できない

たとえ好きな科目であっても、生活リズムの乱れや学校内にあふれる感覚刺激で疲れやすくなっていることもあります。こうして、過剰な刺激で脳が疲弊し、眠気が出てきてしまうので、大人の目からは「怠けている」ように見えることがあるのです。

とはいえ、勉強をさぼっているわけではありません。リュウ太くんのように、漢字の練習に取り組んで覚えようと努力しますが「次の日にはすっかり忘れている」ということが起こります。彼らの関心の度合いで記憶力が変わるのです。

◆学習方法や評価方法が不適切な可能性もある

学習や評価の仕方が合っていないため、子どもが力を発揮できていない場合もあります。学習方法については後出の「工夫とヒント」に譲りますが、評価方法については、たとえば次のようなケースがありました。

- 選択式では答えられないけれど、自由記述でなら理解を示せる子（逆もあります）
- 同じ選択式でも、マークシートは苦手だが、選択肢の数字に丸をつける方式ならできる子
- 言葉での説明は困難でも、絵や図など視覚的説明では理解していることを示せる子

このように多様なので、その子に合った学習法・評価法を見つける努力が欠かせません。

◆学習障害のために困っているケースも

子どもが学習障害（ＬＤ）を抱えていないかにも気をつけましょう。ＬＤにはいくつかタイプがあり、それぞれ特徴が異なります。

書字障害……文字をきれいに正確に書くのが苦手／鏡文字を書く／漢字をバランスよく書けない／筆圧が強すぎたり弱すぎたりする／「見ながら」「聞きながら」書けない　など

読字障害……文字は読めるが単語や文章が読めない／言葉を音として理解できても意味をつかむことができない／文字に色が見えて単語の切れ目がわからない／文字が揺れたりサイズが変化して見える／隣の行の文字列が目に入るため落ち着いて読めない　など

◆支援がないと二次障害につながる

学習が適切に評価されないままだと、二次障害が起こるケースがあります。自己評価が下がったり、他者からからかわれて学校や勉強がイヤになったり、不眠やうつ病のような状態になることもあるので、注意しなければなりません。

親の気持ち●「成績が心配。学校にはどこまでお願いしていいのか……」

◆「子どもを叱る→勉強嫌いになる」の悪循環に気をつけて

勉強の不振は、進学など子どもの将来に関係する問題です。

子どもが勉強しなかったり、学習に計画性がなく、要領の悪さが目立ったり、成績が振るわないのを目の当たりにすると、親は当然心配になるでしょう。だから、反発されるとわかっていても、「勉強しなさい」「提出物は出したの」などと口にしてしまうわけです。

ところがその口出しのため親子ともどもイライラして、結局さらに子どもが勉強に向かえなくなる、という悪循環に陥りがちです。

◆支援を求めることで周囲からどう見られるか不安

かといって、学校に相談するのは気が引けることでしょう。「協力してもらえるのか」「わがままとみなされないか」という不安や、周囲から「ずるい」「不公平」などと思われ、いじめにあったりしないだろうかという不安も生じ、親としてはどうしたらいいのか迷ってしまうこともあるはずです。

なぜ勉強を頑張ってくれないの？ 工夫とヒント

その子に合った学習方法を見つけよう！

学習方法だけでなく、評価方法にも注意しましょう。ひとりひとりに合わせた方法で学習・評価するのは「ズル」ではなく、「合理的配慮」です。「私たちに合わせる支援」ではなく、「彼らに合わせる支援」をすることでこそ、子どものやる気を高め、学ぶチャンスを保障できるのです。

見通しを立てるのを助けよう 2

「どの科目から勉強するか」「どの宿題から終わらせるか」について適切に判断できない場合は、流れを見通せるように視覚化しましょう。

はじめは一緒に、徐々に自分で「すべきこと」を確認し、順番を決めていけるようにします。

じゃあ
ドリル
終わりね！
やったー
ペリ
ドリル
九九
マンガ

▲「終わったこと」「これからすること」の区別がつくようにすると達成感が得られます。

上手な気分転換を 3

タイマーを使ったり介入したりして時間を区切り、気分転換できるように促します。

このとき、子どもの「したいこと」をさせてもかまいませんが、興奮するようなことは避けましょう。

マッサージ、指圧、ストレッチなどのリラクゼーションもぜひ取り入れてください。

う〜ん
もう2時間も
続けてるから
ちょっと
ストレッチしよう

▲熱中しすぎると過集中に陥り、本人が疲弊してしまうので休憩は必要です。

4 勉強する場所を決めておく

彼らは、場所と特定の行動が結びついていると気持ちが安定します。狭くてもいいので「食事の場所」「趣味をする場所」とは別に「勉強する場所」を設けるといいでしょう。カーテンや本棚などで区切るだけでもOK。不要なものはできるだけ見えないところに収納します。

case8

整理整頓ができないのはなぜ?

いつも部屋を散らかしてるから物をなくすんだよ
人の物を使う前に整理整頓をしなさい
いつのだよこれ？
アップル
オレじゃないって
あった！
あれー!?
……
リュウ太は片づけができない
それに加えて物を捜すことも苦手です
部屋は万年汚部屋
掃除をしなさいと言ってもなかなか腰をあげない子に
ついイライラしてアレコレ口を出してしまいます
もうキレイにしなさいっ
あんたの部屋から細かいゴミが向こうの部屋に流れていくのー
わかったよ うっせーなー

この子は部屋がキレイなほうが暮らしやすいのを知らないのかも
ハイ掃除機
私はこう思っていたんですが
リュウ太には彼なりの理由がありました
床の物を片づけて掃除機かけて水拭きしてよ
あーめんどくせー
オレは掃除が
キライだ!
どうも20歳のリュウ太です言わせてください
だってね片づけたってまた散らかるんだから
掃除したって意味ないって思ってるわけです
それに散らかってる状態のほうが

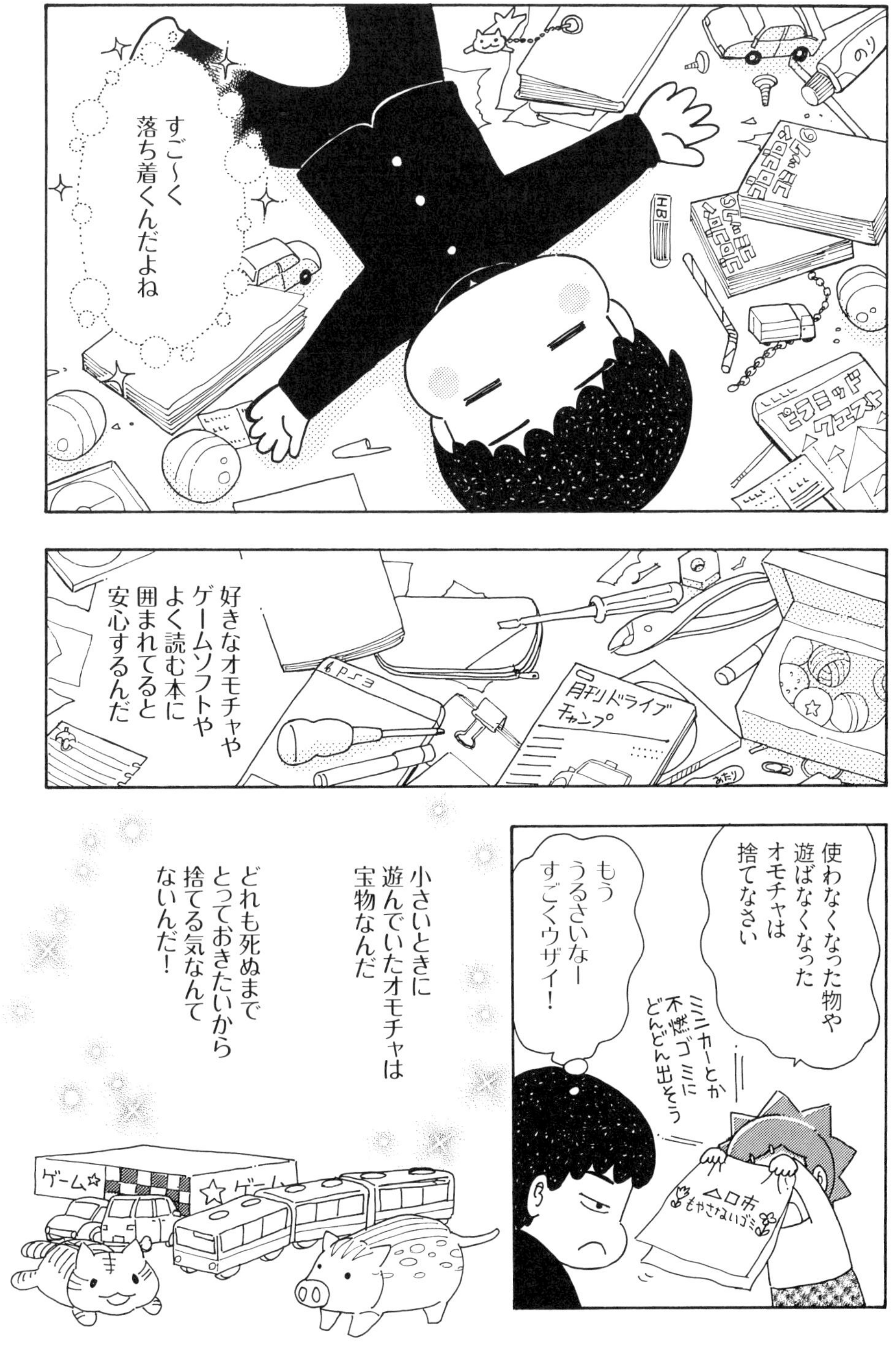
すご～く
落ち着くんだよね
のり
ピラミッドクエスト
HB
好きなオモチャや
ゲームソフトや
よく読む本に
囲まれてると
安心するんだ
月刊ドライブチャンプ
使わなくなった物や
遊ばなくなった
オモチャは
捨てなさい
もう
うるさいなー
すごくウザイ！
ミニカーとか
不燃ゴミに
どんどん出そう
△ロ市
もやさないゴミ
小さいときに
遊んでいたオモチャは
宝物なんだ
どれも死ぬまで
とっておきたいから
捨てる気なんて
ないんだ！
ゲーム☆
ゲーム

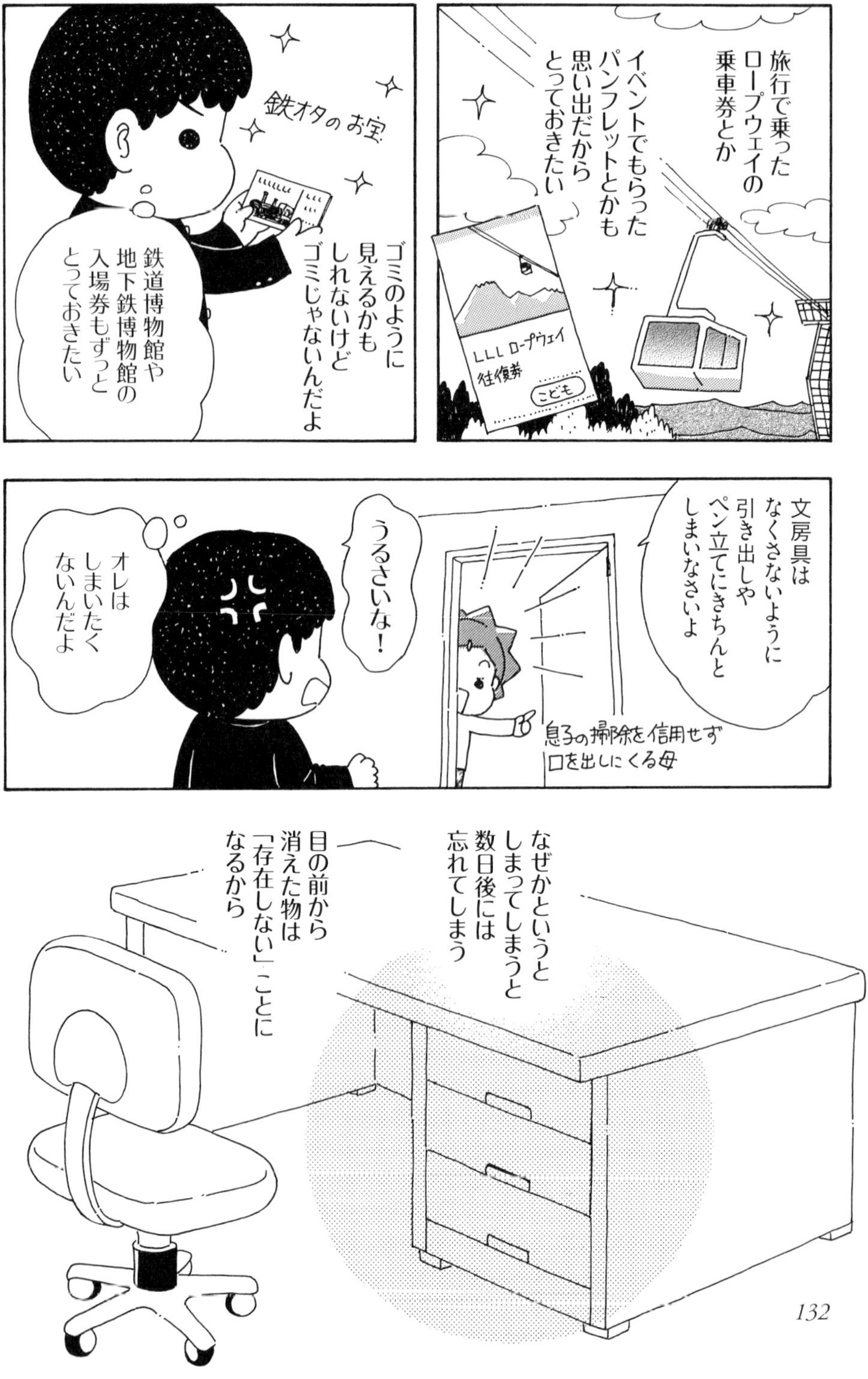

旅行で乗った
ロープウェイの
乗車券とか
イベントでもらった
パンフレットとかも
思い出だから
とっておきたい
LLL ロープウェイ
往復券
こども
鉄オタのお宝
ゴミのように
見えるかも
しれないけど
ゴミじゃないんだよ
鉄道博物館や
地下鉄博物館の
入場券もずっと
とっておきたい
文房具は
なくさないように
引き出しや
ペン立てにきちんと
しまいなさいよ
息子の掃除を信用せず
口を出しにくる母
うるさいな！
オレは
しまいたく
ないんだよ
なぜかというと
しまってしまうと
数日後には
忘れてしまう
目の前から
消えた物は
「存在しない」ことに
なるから

机の上か
床に置いて
見渡せるように
しておきたいんだよね
でも
わかってもらえない
散らかったなかから
必要な物を
捜すのは
大変なんだけど
ゴソ
ガサ
たしか
定規は
この辺だったはず
掘り起こして
見つけるやり方が
いちばん楽なんだ
せめて
貴重品は
決まった場所に
置くクセを
つけなさい
大人になって
苦労するよ
うーん
わかったよ
わかってる……
ただいまー
ひょいっ
わかってるんだけど

物を置くときに
いろいろなことを
考えているから
着替えて
出かけよう
迷彩のTシャツと
ジーパンにしよう
あのゲーム
ソフトを
捜さないと
どこにあるかな?
机の下あたりかな~
野田の家まで
あの道を通って
行こう
アレコレ
ひょい
どうしても
手元を見ないで
無意識に置いちゃう
だから
どこに置いたのか
思い出せなくて
捜し回ることに
なるわけで
カギどこー
どこだー
カギ出てこい
うるさいなぁ
また
なくしたの
家具の間も
捜してごらん
転がって
移動してる
ことも
考えてみて
一緒に
捜してよ
それでも物に
意識を向けることが
どうしてもできなくて
自分でも本当に
困っているんだ

もー
これから
出かけるのに
サイフも
どっかに
いっちゃったよ
クソー
はい
コタツのなかに
落ちてました
おお！
お母さん
見つけるの
早いっ
サンキュー
物捜しは
想像力
自分だけで
捜しても
見つけられなくて
まわりに助けて
もらわないと
ダメだって思う
リュウ太の
うっかりは
ウキウキしてるときや
焦っているときに
起きているよね
ん!? そお？
いつもだから
わからないな
「置く」って動作が
簡単すぎて
意識できないの
かもよ！
あー
そうか！

カギやサイフを
置くときに
意識を向けられる
物があると
いいかもね
もうなにしても
ムリだよ
どうせ忘れるし
ウォレットチェーンで
サイフとカギを
つなげると
なくしにくくなるよ
ズボンのベルトに
つなげてさ
ジャラッ
ふーん
いいね
使ってみる
使ってみると
置くときに
チェーンの音が
するから
少しは意識が向く
気がする
ジャラッ
なくさなく
なったし
便利かも
よかった
よかった
それから
散らかりすぎる
部屋の問題は
こうしてみた！
文房具は
棚にしまわず
カゴに入れて
床に置く
教科書類は
段ボール箱に入れて
まとめておく
市販の収納具に
こだわらなくても
いいよね

物が捜せないで
学校に行く前に
バタバタあわてる
ことが多かった
中学時代だったけれど
あークソー問題集がない
専修学校に
入ってからはずっと
学校の持ち物は全て
玄関マットの上に
置くことにしたんだ
高1
前日に
カバンのなかに
しまうと
本当に
持ち物全て
揃ってるのかな?
見えなくなることで
不安になるから
物は広げて
置いている
忘れ物・なくし物を
減らせるなら
邪魔だけど
がまんしよう
やっとうまく
行動できるように
工夫をはじめて
ホッとした母でした
すまん

とはいっても週に1回はなにかしらなくしてあわてます
完全に改善することはありません
スマホこんなところにあった
ホッ
部屋の掃除はというと……
ゴリッ
いでっ
さすがに散らかりすぎだな～
足の踏み場がない
そろそろ片づけるか
生活しにくくなったと感じたら月に1回程度自主的に掃除をするようになりました
どおキレイになったろ!
う……うん
スッキリしたね!
部屋の隅のゴミが気になるけど
まぁいいか
スッキリ度は50点だけど目をつぶっています
△□市もえるゴミ

ちゃんとやってますけど

おもちゃ LOVE

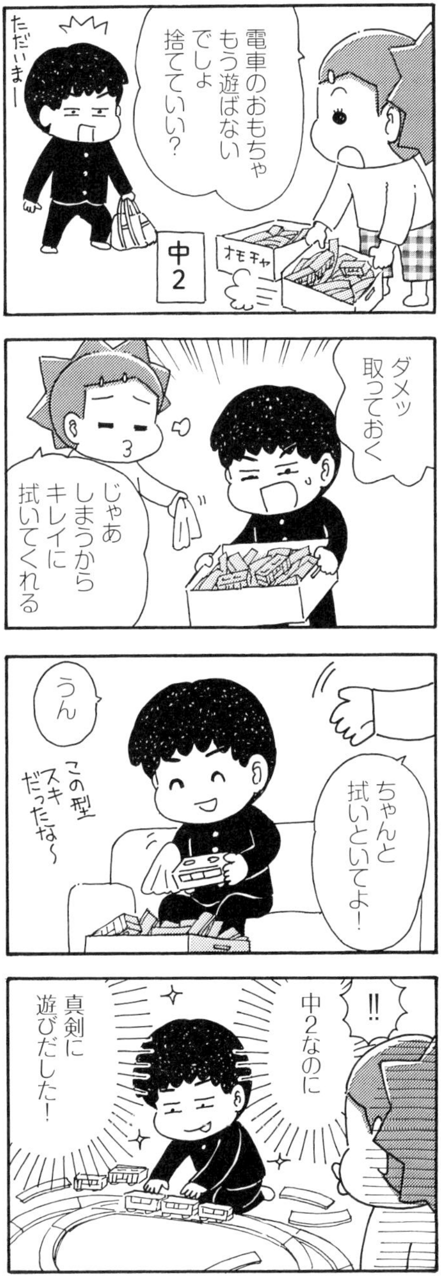

前川先生
ADVICE

親が勝手に片づけるのはトラブルのもと。その子なりの「整理整頓できない理由」を探って、上手に対応しましょう!

子どもの気持ち●「片づけられない事情があるんだ!」

◆「整理する」のは発達障害の子にとって大変な作業

整理整頓するためには「不要な物と必要な物を分類する」「不要な物を捨てる」「必要な物は使いやすさ・重要度・緊急度を考慮して収納場所を考える」といったことが必要です。

このような作業には、心の余裕やエネルギーが不可欠ですが、発達障害がある子は、学校生活や対人関係で人より余計にエネルギーを消耗しているため、「片づけなさい」と言われてもすぐには動けないことが多いのです。

また、「片づける理由がよくわかっていない」ため、すぐに動けない場合もあります。彼らは「整理されていると気持ちいいでしょ」と言われてもピンときません。
むしろリュウ太くんのように、自分の物が目に見えるところにないと不安なので、汚部屋のほうが「落ち着くんだ」という子もいます。

◆「自分ルール」「思い入れ」が妨げに

かといって親が片づけようとすると子どもが怒ったりします。几帳面な子の場合は、「自分ルール」で整理するため、他者が触れたり、自分で決めた法則通りにしまわれていないとイライラしはじめることさえあります。

たとえば、筆箱に必ず右から長い順に鉛筆をしまう子がいましたが、隣の子が勝手に鉛筆を使って元の位置に正しく戻さなかったため、ケンカになったというケースがありました。「自分ルール」は独特で、しかもかなり頑固なものです。

また、独特な「思い入れ」のある物が多くて片づけられないという子もいます。たとえば新幹線の切符、レストラン名が入った紙ナプキン、キャラメルの空き箱など、親から見ると不要と思えるような物に「思い入れ」を感じていることがあり、これらを勝手に捨てられると深く傷ついたりします。

◆「整理できないからなくす」とは限らない

発達障害のある子は、物をよくなくします。

たとえば、先生から保護者あての大事な手紙を預かって帰宅したとしましょう。ところが、帰宅するなり親から「うがいをしなさい」と言われると、そのことだけに意識がいってしまい、うがいをするために無意識に置いた手紙の場所を忘れてしまう、などということが起こるのです。

思いついたことをよく考えずに実行した結果、紛失が起こる場合もあります。たとえば、「点数が悪かったからこの答案は捨てちゃおう」と思いつき、ちょうど手にしていた自転車のカギを答案と一緒にゴミ箱に捨ててしまった、という子もいました。

◆自分で捜し出せないのにも理由がある

なくすだけでなく、捜し物も下手です。先ほどの自転車のカギのようなケースでは、そもそも捨てた意識がないので、どこを捜しても見つけられません。また、置いた覚えがあっても置き場所が記憶に残っていないことがあります。

さらに、視野が狭くこだわりが強いため、「ここにあるはず」と思い込んで特定の場所だけを捜し続けてしまい、すぐ横にある物が見つからない、ということが起こったりします。

親の気持ち●「だらしないし汚いし。いい加減にして！」

◆「片づけ問題」は親子ゲンカにつながりやすい

「片づけない」「物をなくす」といった状態は、大人からは「だらしなさ」に見えます。親は、そうしただらしなさが生活の支障となるのを知っているので、気がかりでたまらないことでしょう。

散らかっている部屋を目にすれば、誰だってうんざりします。学校への提出物を紛失すれば子どもの成績に響きますし、重要な物がなくなったり、ほこりやカビで健康に害がでたりするのも困りものです。親の生活空間にまで子どもの物が侵入してくるのも、耐え難いことです。

だから「片づけなさい」とくり返し言ったりしますが、それがまた、親にとってはストレスになります。かといって親が片づけると子どもの機嫌が悪くなり、親子でイライラして大ゲンカに発展してしまいます。解決策を見つけられず困っている家族は少なくありません。

整理整頓ができないのはなぜ？工夫とヒント

「分類かご」を使ってみよう

1
カバンとケータイどっかいっちゃった
あやのちゃん落ち着いて
2
貴重品だけでも置く場所を決めようか!
うん
このカゴに入れよう
3
学校の物
お稽古事の道具
趣味の物
借りた物
他の物も分類かごに入れるようにしてみようか!
4
これはココ!
分類は多すぎると面倒になるけど3つ~5つならできそうかな

リュウ太くんも「かご」「段ボール箱」などを使っていました。中身が見えるようにフタなどは使わないのがポイントです。きれいに入っていなくても、そこは大目に見ましょう。なお、親が勝手に物を捨てるのはNGです。ないことに気づいた子どもがパニックになる場合があるからです。

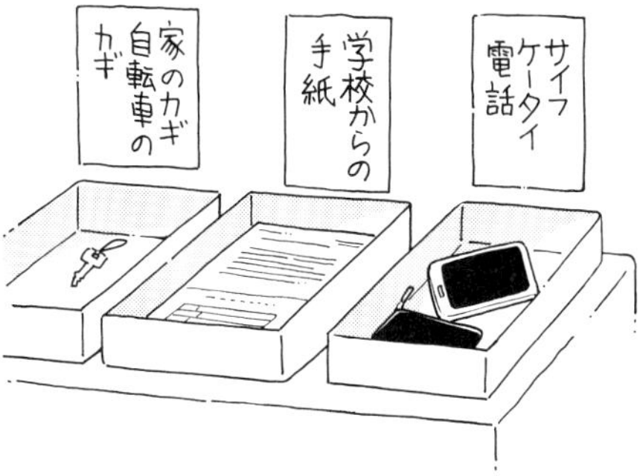

▲「決まったところに置く」が習慣化すれば、親も子も助かります。

置き場所を決めてハッキリ明示 2

決まった置き場所がある物なら、

・「自転車のカギ」「資料集」「学校からの手紙」などと書いたシール
・その場所に置く物を描いたイラストや写真

こういった表示を置き場所に貼ってみましょう。

どうしても捨てられないときは…… 3

「思い入れのある物の分類かご」を一つ決めて、
「このかごに入る量までは保存していいけど、あふれそうになったら捨てようね」
と子どもと相談してルールを作ってはどうでしょうか。

▲捨てる物を写真に撮っておくと安心できる子もいます。

4 「部屋をきれいに片づけなさい」はNG！指示は具体的にし、場所を限ってみよう

「きれいに」という指示は、「教科書とノートは立てる」「文房具は引き出しのなかへ」などの具体的な表現にしましょう。また、部屋全体を完璧に掃除するのは負担感が大きく、取りかかれなくなります。片づける時間を決めて「机の上だけ」「棚１段分」など少しずつでよしとしましょう。

case9
叱っても行動を変えられないのはなぜ?

リュウ太の粗相のたびに怒るとさー
毎日のご飯がおいしくなくなるじゃない
こぼしたときは自分でキレイに拭いてくれればいいから
はい フキン
そのくらいできる年になったしお母さんはだまって見守ろうと思う
もりもり
フキ フキ
あ そう!?
だから今度からこぼしたら自分で拭くルールにしようね!
フキンはいつも台所に置いとくからヨロシク!
うん わかった
それとこれからは食べる前にお椀やコップの位置を調整しようか
声かけるね

おかずを取るときにお椀が見えていなくてぶつけるでしょ
お椀も持ちやすい物に買いかえようね
うん
あーたれた
相談室1
この頃 通っていた児童精神科のペアレント・トレーニングで指導を受けてから
少しずつ子育ての考えを変えていけるようになりました
子どもは大人よりも視野が狭いんです！
なにかに集中するとますます周囲の状況が見えなくなるので気をつけることができないんです
心理士さん
ここしか見えていない
他はぼんやり
子どもの粗相は見逃してあげてください
怒って直るものではありませんから
そうですか わかりました

よし！
できないことは大目に見る！
こう考えて怒らないようにしていたのです
リュウ太のほうは
怒らないお母さん不気味……本当はものすごく怒ってるんだろうな〜
こう思っていたようです
私がリュウ太の「できること」と「できないこと」を理解していかないといけないよな〜
でもできないことが多いとわかっていても「このくらいはできるはず」って期待しちゃうんだよな〜
何度注意しても直らない行動に今も悩まされています
なんで変わらない？
それについて20歳のリュウ太はこう言うのでした
お母さんが言ってくることってさぁ

オレにとって どうでもいいこと ばかりなんだよね
ガミ
ガミ
食べ終わったら お菓子の袋は 捨てなさい
手洗い うがいを しなさい
傘は たたんで 傘立てに 入れなさい
宿題は帰宅 したら すぐやりなさい
学校からの お手紙は 必ず持って 帰りなさい！
靴を脱いだら 揃えなさい
洋服は脱いだら 裏返しのままに しない！
ぼくの頭のなか
遊び
おやつ
テレビ
小学生の頃は 遊びとおやつ以外の ことなんて ほとんど 考えてないから
宿題 やりなさーい
なにか 言ってるぞ〜
楽しく遊んでいる ときに 急にお母さんから アレやれと 要求がきても すぐに従えないよ

頭のなかが
遊びモードになって
いるときは
従いたくないんだよ
思考モード
一つ一つ狙って
進めていく
考えに集中する
遊びモード
インスピレーションで
進めていく
ふわふわしている
お母さんの要求を
理解するには
思考モードに
切り替えなきゃ
いけない
切り替えたくないし
すぐに切り替える
こともできないから
ふわふわした
気持ちで
お母さんの話を
聞いていると
言葉は
さらさらした
水みたいに
流れていって
ドアは静かに閉めなさい
靴は揃えて脱ぎなさい
記憶に残らないんだ
手洗いうがいをしなさい

アレやって
おきなさい
コレもしなきゃ
ダメでしょ
なに言ってるんだろう
ボクに指図する
ぐらいなら
お母さんが
やっておいてくれれば
いいのに
それに
とっても
めんどくさいし
そんな細かいこと
気にしなくても
生きていけるよ
ダッ
逃げたくなるんだ
遊びモードが
切れるときもあるから
そのタイミングで
声をかけて
くれた場合は
明日の
したく
しよう!
あ!
そうだった
すんなり要求に
従うこともあったよ
いつも怒らないで
優しく
声をかけてくれれば
明日は
体育があるな
体操着
10回に1回は
ちゃんとやるよ!

こういうヤツで ホント 悪いなって 思うんだけど
とにかく 気持ちを作るのに 時間がかかるわけ
モード変換って デリケートなのね
積極的に 自分から 気持ちを 切り替えるのが 難しいから
やだ~
やだ~
しゃーない やるか
何度も声を かけてもらって 「そろそろ 切り替えなきゃな」 って持っていくんだ
いやいやだけど お母さんの指示に しばらく集中する モード!
遊び
おやつ
テレビ
シャキーン
それで 何度声をかけても 不発だったり するのか!
指示を遂行できる ようになるのに そのステップを踏むと 考えなきゃいけないのか~

だけど言葉だけの指示だとすぐ動けない
家庭科の宿題やるんだったよね
えーとそれはなんだっけ?
日常でよくやるルーティン以外はイメージできるものがないと思い出すのに時間がかかるんだよね
卵料理をどれか一つ作って食べるんでしょ
イメージ
ああそうだったオムレツにする
ふわふわオムレツ
タマゴサンド
はい タマゴ割ってみて
どうやって?
お手本がないとなにをどうしていいのかわからないよ
ドキドキ
お手本を見てもうまくはできないから
タマゴは軽く角にあてて2つに割る
できるようになるまで何回も試させてほしい
パカッ
カンッ

コツを教えてもらってもその通りにはできないからね
とろん
失敗したときには見て見ぬふりをしてほしいな
コンソメも入れようか
ちらっ
できたときはもちろんほめてほしいけどわざとらしいほめ方は嬉しくないから
へ――やるじゃん
このくらいがいいな
うんうまくできてる
そお？形がヘン
初めてにしてはバッチリでしょ
ああしてほしいこうしてほしいってわがままばかり言ってるのはわかってるんだけど

わくわくすることにしか エネルギーを 使いたくないから
おもしろいこと
すぐやろう!
ボクが わくわくするように 声をかけてくれたら いいな
おお! さすが宇宙人 遠慮のない主張
いい感じに 持ち上げて もらいたいって ことかな!?
わははははは
そう! おだてに 乗っかっちゃう ところある
なんだけど わりと小さいことで すぐダメになる 面倒くさいヤツ なんだ
ガラス細工 みたいに 難しい子よね~
でもたしかに 叱ったところで 失敗が減るわけ じゃないものね……

「急がば回れ」で
上手にほめて
その気にさせて
伸ばしていくのが
やっぱり一番なのかしら
お母さん
ぼくスゴイでしょ
それを
子どもが
親に望んでる
丁寧に育てることで
親の愛情を感じて
くれるかもしれない……
手のかかる子だけど
10年20年30年と
長い目で見て
根気よく
つきあっていったら
この子が
おじさんになる頃
なんでも一人で
やれるように
なるのかもしれない
そうなるように
支えていけたらいいと
思うのでした

前川先生
ADVICE

彼らは「変化がゆっくり」なのです。にゃんこ。さんのように「急がば回れ」で関わり続ければ成長します！

子どもの気持ち●「すぐに変われって言われても無理！」

◆いろいろな「モード」があり、切り替えに時間が必要

マンガでリュウ太くんが的確に教えてくれましたが、発達障害の子は「遊びモード」「思考モード」などいくつかの「モード」を持っていて、それらを切り替えるのに時間がかかる、という特性があります。せかされると混乱して、ますます切り替えに時間がかかります。

気持ちと同時に記憶が切り替わってしまう、というケースもあります。

たとえば下校中、「学校モード」から「自宅モード」に切り替わると同時に、「学校モード」だったときの記憶が抜けてしまう、という子がいました。そんな子は、「学校どうだった？」と聞かれてもなにも思い出せません。どうしてもそうなってしまうのです。

◆あざやケガが多いのは、自分の体のイメージが曖昧だから

リュウ太くんのようにお椀をひっくり返したり、あちこちにぶつかるなど体の動きが不器用な子もよくいます。ここには、すでに何度か触れた、「あることに集中すると他が見えなくなってしまう」という特性に加え、「自分の身体イメージが漠然としている」という特性も関係していると思われます。

発達障害の子は、空間のなかで自分の手や足がどの位置にあるのか見誤ることが多く、そのため本人は「ちゃんと見て普通に歩いている」つもりでも、周囲のものに接触して壊してしまったり、体にあざを作ったりすることがあるのです。

◆大人が望む姿ばかりを強制するのはダメ

親や周囲の大人は、自分が注意をしたら、子どもにただちに行動を改めてもらいたいと考えます。しかし発達障害がある子は、言われたことを理解するのに時間が必要だったり、具体的に説明されないとどうしたらいいのかわからなかったりして、すぐには行動に移せません。

大人からの「普通の子ならこうすべき」というメッセージは、彼らに「ありのまま」では

なく「あるべき」でないとダメである、という思いを抱かせます。
その結果、「ありのまま」をあきらめ、彼らなりに努力して「あるべき」に近づこうとしますが、こうした生き方は子どもにとって大きなストレスとなります。

親の気持ち●「怒りたくはないけど、ほめるのも難しいし……」

◆「私の叱り方がおかしいの？」

親は、何度注意しても行動が変わらない子どもにうんざりしてしまうことでしょう。他の子どもが、一回で親の言うことをきいているのを見ると、うらやましくなったり「自分の叱り方がおかしいの？」と自信をなくしてしまうこともあると思います。
なんとか行動を変えさせようと、かなり厳しい言葉を子どもに投げかけてしまう親もいます。私は実際、「自分の叱り方は虐待なのか」「まわりからもそう見られていないだろうか」と心配する親から相談をうけたことがあります。
「子どもになんとかわかってほしい」「社会に出てから恥をかかないように変わってほしい」という気持ちで、親は必死なだけなのです。親としての責任感や愛情故の言動が、子どもや周囲にはそのように伝わっていないかもしれないと考えて、悩んでしまうのです。

◆長い目で見守る気持ちを大切に

「怒ってばかりではいけない」「ほめて育てることが大切だ」と頭で分かってはいても、発達障害がある子との生活はうまくいかないことが多いものです。

わざと親を困らせているのだろうかと思って、イライラしてしまうこともあるでしょう。しかし、彼らに悪意があるわけではありません。理解や変化に時間がかかるのです。

長い目で気長に変化を見守るという気持ちを忘れずに、関わり続けることが大切です。

叱っても行動を変えられないのはなぜ？

工夫とヒント

スモールステップで！

すべき行動はスモールステップで指示をしましょう
だらだら
着替えなさい
おおざっぱなのでNG
ズボンはいてみようか
うんいいね！次はシャツね
できたらそのたびにほめます
イエイ
シャツ着たね うんいいね！
「気長に」がキーワードこれを継続するとできるようになります

彼らは「わかっていても行動までに時間がかかる子」です。しかし「特性に合わせて理解できる伝え方をする」「行動を変える理由を具体的に説明する」「過程を細かく分けて指示する」を心がければ変化を促せます。少しでも望ましい行動ができたら、わかりやすくほめるのも大事です。

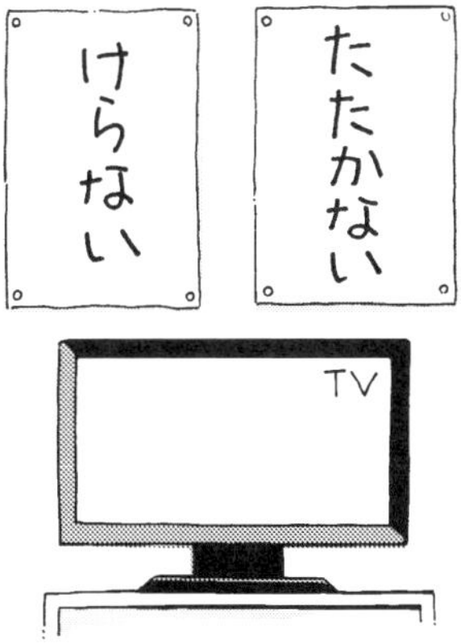

▲よくある「してはいけない行動」は目につく場所に貼っておくといいでしょう。

叱るときは特定の行動だけを注意！ 2

「あなたはダメね」「本当にわからない子ね」などの、子どもの存在全部を批判するような叱り方はNGです。
「叩いてはいけない」など、「してはいけない行動」を決めておき、違反した場合は断固とした態度でその行動だけを注意するようにしましょう。

叱るなら例外は作らない 3

「してはいけない行動」をとったときの子どもへの対応には、例外を設けないようにしましょう。
「今回だけは大目にみよう」「大騒ぎするから今日はいい」などと考えて一貫しない態度をとると、かえって子どもが混乱します。

4 できたときは「ほめる」！

大人から頭をなでられたり、「嬉しい！」と言われても、ほめられていると理解できない子がいます。その子の好きなこと・関心があることをさせてあげて、「認められた」と感じてもらうといいでしょう。それが「その子に合ったほめ方」になることを覚えておいてください。

エピローグ

現在リュウ太は
自動車整備士に
なるための学校に
通っています
ガラガラ
ただいまー
おかえり
合宿
どうだった?
3日間
勉強ばっかで
マジ疲れた〜
ガソリンエンジン
その学校も
もうすぐ卒業
数日後には
自動車整備士の
国家試験があり
それに向けて
猛勉強の
最中です
補習授業は
ちゃんと受けてるの?
補習や再試が
待っています
うん
大丈夫だよ

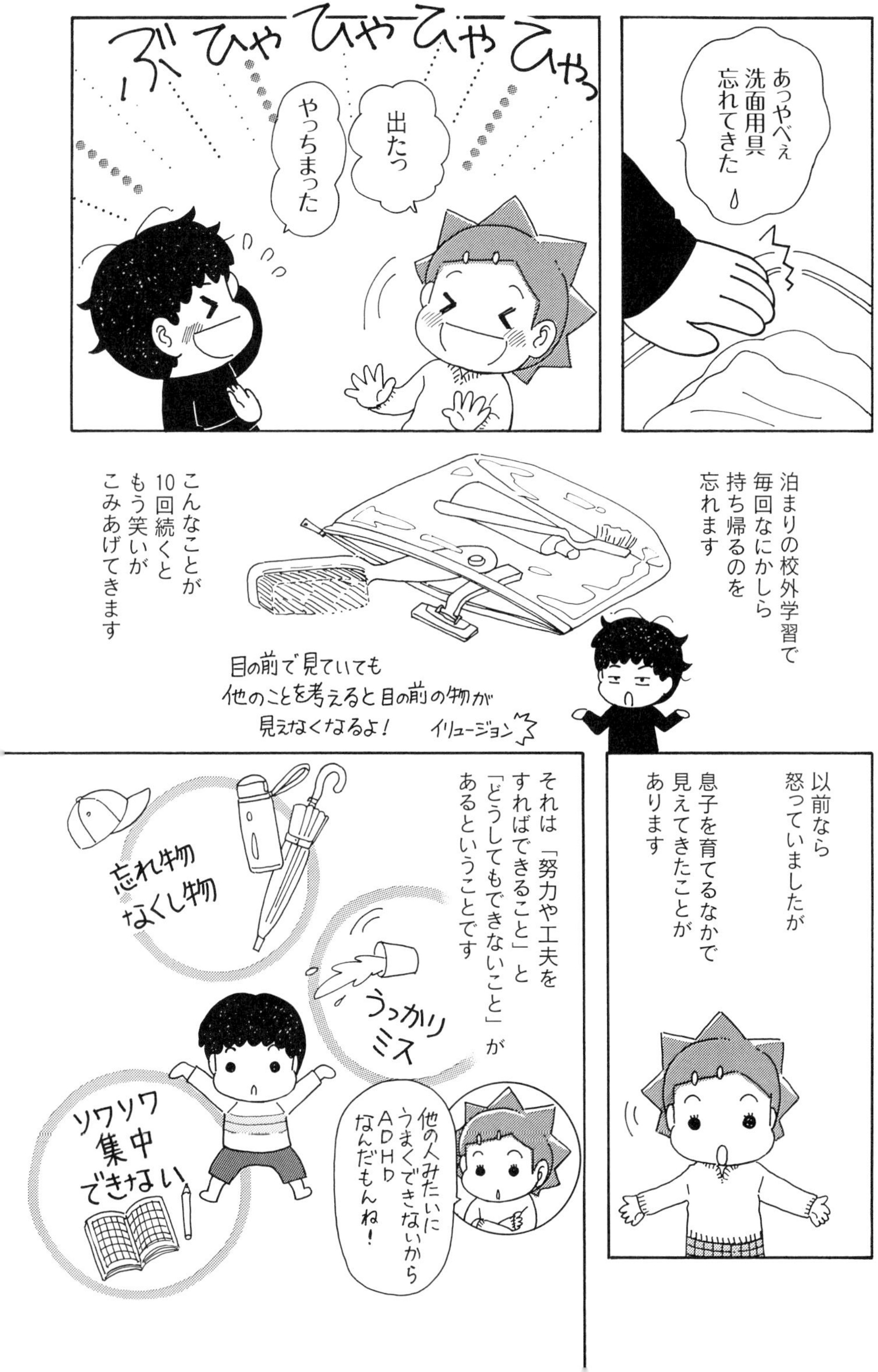
あっやべぇ
洗面用具
忘れてきた
ぶひゃひゃひゃひゃひゃっ
出たっ
やっちまった
泊まりの校外学習で
毎回なにかしら
持ち帰るのを
忘れます
こんなことが
10回続くと
もう笑いが
こみあげてきます
目の前で見ていても
他のことを考えると目の前の物が
見えなくなるよ！
イリュージョン
以前なら
怒っていましたが
息子を育てるなかで
見えてきたことが
あります
それは「努力や工夫を
すればできること」と
「どうしてもできないこと」が
あるということです
忘れ物
なくし物
うっかり
ミス
ソワソワ
集中
できない
他の人みたいに
うまくできないから
ADHDなんだもんね！

このことに本人が一番悩んできたし困ってきたのでした
どうしてこんなにダメなんだろう
だから怒るよりできないことを一人でできるようにフォローしていくしかないと思っています
一緒にやろう
うん
おもちゃ片づけ
時間割り
持ち物用意
なくし物探し
うっかり防止 予測の声かけ
宿題の声かけ
それは甘やかすのではなくて少しだけ手を貸す感じです
現在はこんな状態です
ZZZ
努力してもできないこと
手助けする
・朝起き
・お金の管理
・なくし物
・物の管理
・片づけ
・忘れ物
努力や工夫をしたらできること
本人に任せるができているかそっと確認する
一人でできること
本人に任せて手を出さない
・スケジュール管理
・公的機関の申請など

成長するにしたがって
自分で努力や工夫を
するようになり
できることが
増えてきました
あーでこーで
うんうん
それでも
人間関係で失敗したり
うまく行動できなかったり
することもあります
そんなときは親子で
対策を話し合うように
しています
こういうことも
フォローかな～と
思うんです
代わりに
リュウ太の
できることで
私も助けて
もらっています
駅まで
迎えにきて
とはいっても
まだまだ
親が助けることが
9割ですけど
将来は逆転する
かもしれません
だから
お互いさまの心で
助けあっていけたら
いいなって思います

私より
リュウ太の
ほうが
運転うまいわ
あっ そーだ!
明日バイト先の
飲み会だから
夕飯いらないよ
へー
リュウ太も
お酒飲むんだ!
飲み会楽しい?
ビール1杯だけね
仕事場の人は
みんないい人だから
一緒にいると楽しいよ
バイト先の
先輩たちは
みんな親切で
怒られることも
あまりないから
すごく働きやすい!
♪〜
現在 自動車販売会社の
サービス助手のアルバイト
親しくなると
業務の相談が
しやすくなるから
飲みに誘われたら
なるべく
参加するように
しているそうです
じー
いい人ばかりの
仕事場だから
気がついたことが
あったらしく
ここは
イライラしたり
わけもなく
怒る人がいない

それに みんな どんなことでも「ありがとう」って言う
あっ ありがとう
ハイ
ああいう人を お手本にしよう
みんなと一緒は ヤダ!!
小さい頃から「変わった子」って言われてきて
自分でも オレは変わっているけど それでいいって 思ってきたと 本人は言います
変わってて 悪い〜!?
でもいろいろな人の いいところを ちょっとずつ マネすれば
自分もちょうどいい「普通の人」に なれるかもしれない! こう気がついたのだとか
キャラ チェンジ!
イライラしても 声に出さない
人の話題に つきあう
リュウ太の 普通の人 キャラ設定
飲み会に 参加して みんなと しゃべる
ねぎらいの 言葉を かける
目上を立てて でしゃばらない
いつも ありがとうを 言う
だから バイト中だけは「普通の人」を 演じるように 気をつけてるんだ!

気をつけて人とつきあうと一日平和に終わるんだよね
へ――うちじゃ変わらず勝手気ままだからリュウ太の「普通の人」想像つかない
これでも一応外じゃ人に気を遣うようにしてんだよ
ほぉ～……
いつの間にか成長してたんだ
きっと転びながらいろいろ気づいてきたんだね
これまでの出来事はいいことも悪いこともリュウ太が伸びていくために必要なことだったのかもしれないね

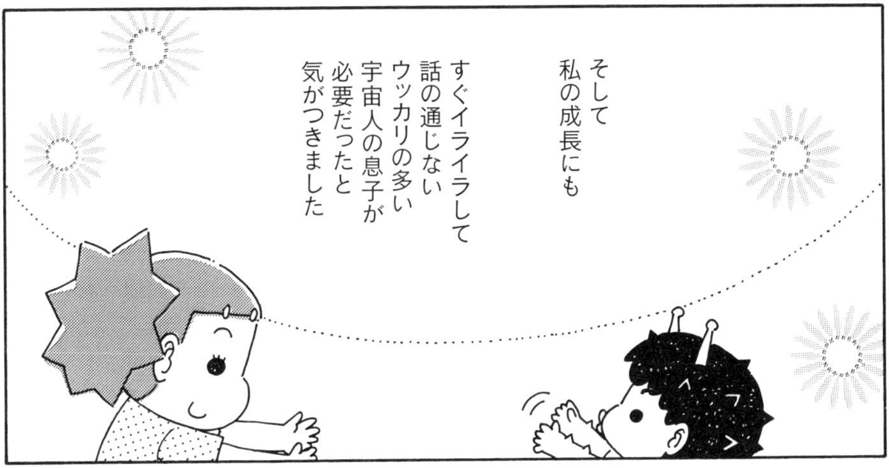
そして
私の成長にも
すぐイライラして
話の通じない
ウッカリの多い
宇宙人の息子が
必要だったと
気がつきました

この先も
就活や就労と
困難が待ち構えて
いるかもしれませんが
少しでも
生きやすくなる方法を
親子で探りながら
歩んでいこうと
思います
まだ少しとがってるけど
だいぶ地球に
なじんできたね
トゲは宇宙船に
転送した
ってコラッ

監修者あとがき

発達に凸凹のある子どもの子育ては、一筋縄ではいかないところがあります。ステレオタイプな考え方では、彼らの「ありのままの姿」は理解できません。それどころか、彼らに「あるべき姿」を押し付けて、「自分はダメなんだ」という思いを植え付けてしまいます。

ですがもし、彼らの生きている世界や彼らの体験を彼らの側から知って、その大変さやユニークさが少しでも見えてきたら、ありのままの彼らと生きることに楽しささえ感じられるかもしれません。

本書ではリュウ太くんが自分の体験している世界を紹介してくれましたが、発達障害の子が全員、彼のような気持ちや思いを感じているわけではありません。また、本書で提示した対応法やヒントも、必ずうまくいくとは限らないでしょう。でも、がっかりしないでください。本書にはそれぞれの親子が想像力を広げていくきっかけが詰まっていると思ってほしいのです。「目の前の子どもから教わる」――それが子育ての面白さに近づく第一歩です。

最後に、私から読者のみなさんに「親の気持ちをやわらかくする5つのフレーズ」をお贈りし、締めくくりとしたいと思います。

①目の前の子どもから教わろう

育児書より、専門家より、目の前の子どもが一番の教師です。

②変化も理解も、ゆっくりすすめよう

急いで起こった変化は長続きしません。ゆっくり起こった変化は本物の変化です。

③「この子らしくなる」をゴールとしよう

普通になるのがゴールではありません。その子らしく生きることを尊重しましょう。

④自分も子どもも「ありのまま」を大切にしていこう

あるべき姿を強いられることが多い子どもたちです。彼らのあるがままの姿も大切に。

⑤自分も支えられていこう

支えられることで、安心して悩むことができます。悩む力は生きる力を鍛えてくれます。

2019年7月

前川あさ美

著者あとがき

この本を描くために、成人した息子にインタビューをした際に、「小学生の頃は教室にいると目の前がまぶしくなって、なにも見えなくなっていた」と聞いて、大変驚きました。

これまで、多くの発達障害の専門家や当事者から、症状や特性の話を聞いていたのにです。「そうだったんだ！　だから授業中に廊下で寝ころんでいたのね」と、10年目にやっとわかる始末です。

口にしないだけで、子どもの体や心には毎日様々な負荷がかかって、気持ちはいつも揺れていたんだな～と思うと、怒ってばかりの母は懺悔せずにはいられません。

監修の前川あさ美先生の言葉のように、「ありのまま」の子どもを応援できていたら、私自身もテンパったり世間の目を気にしたりしないで、「ありのまま」の母でいられたかもしれません。時は戻せませんが、これからは成人した息子と大人の「フェア」な関係で向き合っていけたらいいなと思っています。

監修を引き受けてくださった前川あさ美先生、本の企画・編集にお力添えくださった中満さん・宇野さんありがとうございました。

そして、この本を手に取ってくださった読者の皆さまに御礼申し上げます。発達障害がある子の子育てや支援が豊かなものになるように祈っております。

かなしろにゃんこ。

これがボクのやり方！

小6
あへー
早く宿題やりなさいよ
わかってるよ〜
やる気なしだな
ちがうよ遊びモードから勉強モードに切り替え中だよ
そろそろやるかー
えっ 音楽!? ますます集中できなくない?
ラジカセ
カチ
♪〜〜
ちがうよ音楽を聞くと曲に集中して早く勉強モードに入っていけるんだよ
フンフ〜ン

怒るより工夫！

パジャマまた裏返しのままだよ直そうね
ぐちゃ
ぐちゃ
小5
もーめんどくさいな
イラ
イラ
なんで服は裏と表があるんだよ
毎日このグチを聞くのうんざり
脱ぎにくいのがいけないのかも!?
インナー ナイトウェア
大きめのパジャマにしたら脱ぎやすいかな
見て見て脱皮
するー
ストレスゼロで大成功!

最後までお読みくださりありがとうございました！

著者　かなしろにゃんこ。
千葉県生まれ、漫画家。1996年に「なかよし」でデビュー。作品に『漫画家ママのうちの子はADHD』『うちの子はADHD　反抗期で超たいへん！』（ともに田中康雄監修）『発達障害　うちの子、人づきあい だいじょーぶ!?』（以上、講談社）、『発達障害でもピアノが弾けますか？』（中嶋恵美子原作、ヤマハミュージックメディア）などがある。発達が気になる子どもの親向けポータルサイト「LITALICO発達ナビ」（https://h-navi.jp/）でコラムを好評連載中。

監修・解説　前川あさ美（まえかわ・あさみ）
東京女子大学教授（現代教養学部心理・コミュニケーション学科心理学専攻）、公認心理師、臨床心理士。東京大学教育学部を卒業後、同大学大学院に進学。途中、米国アイオワ大学大学院に留学し、帰国後、東京大学大学院教育学研究科教育心理学専攻博士後期課程単位取得退学。大学の心理臨床センターや株式会社BONDS東京カウンセリングサービス（東京都）で臨床にも携わる。『「心の声」を聴いてみよう！　発達障害の子どもと親の心が軽くなる本』（講談社）など著書多数。

発達障害《はったつしょうがい》　僕《ぼく》にはイラつく理由《ワケ》がある！　　こころライブラリー

2019年８月６日　第１刷発行
2023年９月５日　第11刷発行

著　者　かなしろにゃんこ。
監修・解説者　前川《まえかわ》あさ美《み》
発行者　髙橋明男
発行所　株式会社講談社
郵便番号112-8001
東京都文京区音羽2-12-21
電話　編集　03-5395-3560
販売　03-5395-4415
業務　03-5395-3615
印刷所　株式会社新藤慶昌堂
製本所　株式会社若林製本工場

KODANSHA

N.D.C.143　175p　21cm
定価はカバーに表示してあります。
落丁本･乱丁本は購入書店名を明記のうえ、小社業務あてにお送りください。送料小社負担にてお取り替えいたします。なお、この本についてのお問い合わせは第一事業本部企画部からだとこころ編集あてにお願いいたします。

ISBN978-4-06-516273-6